Mütterarmut

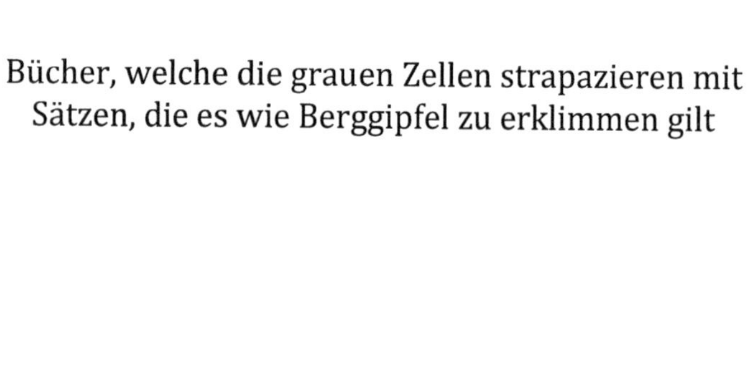

Interdisziplinäre Patriarchatskritikforschung
&
Politisches Mütterbewusstsein (POM)

Kirsten Armbruster

Mütterarmut

Eine Streitschrift wider eine von Männern definierte und nur am Mann orientierte Ökonomie

Bibliografische Information der Deutschen Nationalbibliothek
Die Deutsche Nationalbibliothek verzeichnet diese Publikation in der Deutschen Nationalbibliografie; detaillierte bibliografische Daten sind im Internet über http://dnb.d-nb.de abrufbar.

Herstellung und Verlag:
BoD - Books on Demand, Norderstedt
ISBN 978-3-7528-5727-6

Widerstand kommt aus Empörung
Stéphane Hessel, 2011

Frauen können alles. Sie können aber zusätzlich auch Mutter. In der Evolutionsbiologie ist das ein Vertrauensbeweis der Natur. Im Patriarchat ist es die Basis für schlimmste Diskriminierung - ökonomisch, theologisch, politisch und historisch
Kirsten Armbruster, 2019

Widerstand beginnt mit dem Wissen um die Möglichkeit, Dinge auch anders denken zu können

Inhalt

Erkennen, was ist

Die heutige öffentliche politische Diskussion bewegt sich immer nur zwischen zwei Eckpfeilern: nämlich zwischen rechts und links. Tatsächlich haben weder linke noch rechte politische Ideologien die Probleme unserer Gesellschaft lösen können. Woran liegt das? Es liegt daran, dass sich sowohl Rechte als auch Linke nur innerhalb der Dogmen des **Patriarchatskonglomerats** bewegen, wie zwei Goldfische im Glas. Der eine schwimmt links herum, der andere rechts. Zwischendurch treffen sie sich. Lösungen finden sie keine, weil die Grundlage des politischen Denkens falsch ist, denn die Basis dieses Denkens ist immer der Mann. Der Mann als angeblicher Dreh- und Angelpunkt der Menschheit und der ganzen Welt.

Angesichts des schlechten Zustands unserer Welt, ist es an der Zeit, die Denkbasis männergemachter Definitionen, welche den Mann zum Zentrum der Menschheitsgeschichte, der Archäologie, der Anthropologie, der Evolutionsbiologie, der Biologie, der Soziologie, der Theologien, der Philosophie, der Politik und der Ökonomie hochgeschrieben hat, als falsch zu erkennen. Es reicht nicht zwischen links und rechts herumzudenken und herumzuschreiben. Die politische Frage der Zukunft muss lauten:

Patriarchat oder kein Patriarchat?

Die **Interdisziplinäre Patriarchatskritikforschung,** mit der auch ein modernes **Politisches Mütterbewusstsein (POM)** einhergeht, dekonstruiert das Patriarchat und macht den Weg frei für neue gesellschaftliche Lösungen. Lösungen, die an den Lebensrealitäten nicht vorbeigehen, weil sie nicht gegen die Natur als zu beherrschendes Objekt gerichtet sind, sondern die Natur als Ausgangsbasis des Verstehens, Erkennens und Definierens haben. Die Natur als Basis des Lebens, nicht als Spannungsfeld zwischen Ökologie und Ökonomie oder ein zu mystifizierendes Außen, wie es in der Zeit der Romantik der Fall war. Natur, die auch vor unseren eigenen Körpern nicht Halt macht, sondern ein Verstehen unserer eigenen Körperlichkeit mit einbezieht, eine Körperlichkeit, von der wir abhängig sind als Wesenskern unseres Lebens auf der Erde.

In diesem Zusammenhang müssen auch die uns bis heute ideologisch prägenden „Errungenschaften" der **männlichen Revolutionen** auf den Prüfstand, denn tatsächlich geht es im Leben nicht um **Freiheit, Gleichheit und Brüderlichkeit**, auch nicht in der feministischen Variante, in der Brüderlichkeit einfach nur durch **Schwesterlichkeit** ausgetauscht wird. Tatsächlich geht es im Leben um **Bindung**, weil der Mensch nun mal das am längsten abhängige Lebewesen auf der Erde ist, und eine auf Freiheit beharrende Gesellschaft für ihn als Spezies, schlichtweg tödlich ist. Es geht des Weiteren um **Differenzierung** und

Diversität und nicht um Gleichheit, denn es gibt in der Natur keine Gleichheit zwischen Vater und Mutter. Und tatsächlich ging es der Männerrevolution nicht einmal um die erstrebenswerte Gleichberechtigung zwischen Mann und Frau, sondern immer nur um die Gleichheit unter Männern. Das bedeutet aber auch, dass die revolutionäre Idee der „Gleichheit", den Mann zum Original hochgeputscht und der Frau die Rolle der Kopie zugeschrieben hat, noch dazu einer schlecht-geredeten Kopie, denn mit einem Missbrauch von Biologie durch Biologismus, wurden die Frauen in der Männerrevolution von vorne herein von dieser Gleichheit wieder ausgeschlossen.

Heute halten wir durch den feministischen Diskurs den biologistisch herabsetzenden Teil der Männerrevolution für falsch und preisen dies als großen Fortschritt unserer angeblich modernen Gesellschaft. Tatsächlich verharren wir aber in der irrigen Annahme, dass die Frau die Kopie ist und der Mann das Original und es folglich der Gleichberechtigung genügt, wenn die Frauen in ein monophyletisch von Männern definiertes und nur auf Männer abgestimmtes Gesellschaftsbild hineingepresst werden.

Der patriarchal-ideologisch unverstellte Blick auf die Biologie der Menschenart zeigt jedoch etwas völlig anderes. Die von Biologismusdegradierungen befreite Biologie offenbart nämlich die **Natürliche Integrative Ordnung der Mutter**, die besagt, dass alles menschliche Leben egal ob **männlich**, **weiblich**,

intersexuell oder **transsexuell** im Körper der Mutter gebildet wird. Die Natur straft also den Gleichheitsgedanken Lügen, denn die Natur setzt nicht auf Gleichheit, sondern auf **Differenzierung** und **Diversität** bei gleichzeitiger **Integration**.

Das dritte Fundament der Männerrevolution, die **Brüderlichkeit**, taugt ebenfalls nicht als tragendes Element einer Gesellschaft und wird auch nicht besser durch kopierende feministisch-frauensolidarische Schwesterlichkeit, denn tatsächlich geht es nicht um Schwesterlichkeit oder Brüderlichkeit, sondern um **integrierte Geschwisterlichkeit**, eine Geschwisterlichkeit, welche als integrierende Basis die Mutter hat, aus deren Körper alle **diversen Geschlechter** entstanden sind. Geschwisterlichkeit als Denkbasis, bedeutet zu erkennen, dass es allen nützt, wenn es den Müttern in einer Gesellschaft gut geht.

Dieses Buch eröffnet mit dem Thema **Mütterarmut und Ökonomie** eine Veröffentlichungsreihe der **Interdisziplinären Patriarchatskritikforschung** auf der Basis eines modernen **Politischen Mütterbewusstseins (POM)** und versteht sich als Avantgarde eines neuen Denkens jenseits des vom Patriarchat aufoktroyierten Geschlechterkampfs, denn es ist naturgegeben **für alle** von großer Bedeutung, wie eine Gesellschaft mit Müttern umgeht.

Patriarchatskritik

„**D**ie abendländische Kultur ist seit Jahrtausenden geübt darin, Frauen den Mund zu verbieten", schreibt Mary Beard in ihrem Bestseller „Frauen und Macht" von 2018 (S. 10). Die Althistorikerin und Professorin an der Universität Cambridge zeigt dies an zahlreichen Beispielen auf und belegt, dass „just in dem Moment, da die schriftlichen Zeugnisse der abendländischen Kultur einsetzen, die Stimmen von Frauen in der Öffentlichkeit kein Gehör finden". Am Beispiel der Odyssee von Homer, wo der Sohn Telemachos seiner Mutter Penelope das Wort verbietet, weil die Rede Sache der Männer sei und er die Macht im Hause inne habe", entlarvt Beard, dass es für einen Mann wie Homer ein integraler Bestandteil des Erwachsenwerdens ist, dass er lernt, die Kontrolle über öffentliche Äußerungen zu übernehmen und den weiblichen Teil der menschlichen Spezies zum Schweigen zu bringen. (Beard, Mary: 2018, S. 14).

Und die Bibel, welche auch heute noch nach aktueller Vorgabe der Politik, die angebliche Wurzel der europäischen Kultur bildet, gründet sich auch im Neuen Testament auf dem **Schweigen der Frau**. Im 1. Korintherbrief des Apostels Paulus lesen wir:

„Wie es in allen Gemeinden der Heiligen ist, sollen Frauen in den Gemeinden schweigen, denn es wird ihnen nicht erlaubt zu reden, sondern sie sollen sich unterordnen, wie auch das Gesetz sagt. Wenn sie aber

etwas lernen wollen, so sollen sie daheim ihre eigenen Männer fragen, denn es ist schändlich für eine Frau, in der Gemeinde zu reden". (Elberfelder Bibel, Neues Testament: 1. Korinther 14, 34-35).

Die Basis des jüdisch-christlich-islamischen Denkens und der griechischen Demokratie, welche die Frauen von der Öffentlichkeit ausschloss, ist also das **Schweigen der Frauen** im öffentlichen Raum. Tatsächlich korreliert nicht nur die öffentliche Autorität ausstrahlende Rede, der männliche „**muthos**" (Beard, Mary, 2018, S. 14) mit dem Schweigen und dem Herausdrängen der Frau aus dem öffentlichen Raum, sondern auch die **Entgöttlichung** der Frau und die **Unsichtbarmachung** der von Frauen geleisteten gesellschaftlichen Arbeit. Eine solche Gesellschaft, die auf dem Schweigen der Frauen im Öffentlichen Raum gründet, nennen wir **Patriarchat**.

Patriarchat heißt Herrschaft der Väter:
Patriarchat bedeutet, dass unser ganzes Denken von dem bestimmt wird, was Väter in einer langen patrilinearen Ahnenreihe gedacht, gesagt, aufgezeichnet, gelehrt, gepredigt, geschrieben, befohlen, als scheinbar richtig definiert und mit Gewalt und waffenbasierter Kriegsführung durchgesetzt haben. Das hatte zur Folge, dass das Leben seit ein paar Tausend Jahren einer manipulativen Gehirnwäsche unterzogen wurde und bis heute wird, die zu einer Verschiebung der Internalisierung von Werten geführt hat, die auf das Leben insgesamt tief zerstörerisch wirkt. **Doch die Zeit des Schweigens ist vorbei!**

In der Gruppe der **Mammalia**, der Gruppe der Säugetiere, zu der auch die Menschenart gehört, gibt es keine **Patrifokalität**. Der Vater steht hier naturgemäß nie im Zentrum. Wenn der Vater trotzdem das Zentrum des Menschseins ist, wie wir es heute als Menschenart aufoktroyiert bekommen haben, dann ist das immer ein Zustand wider die Natur. Wenn Patrifokalität ein Zustand wider die Natur ist, dann kann es nur ein Zustand sein, der mit massiver Gewaltanwendung durchgesetzt wurde: Gewalt gegen die Natur insgesamt, aber auch **körperliche**, **psychische** und insbesondere auch **strukturelle Gewalt** gegen alles **Mutterkörperliche**. Wenn Männer insgesamt, und Väter im Speziellen, im Zentrum des Menschseins stehen, so kann dies nur auf der Basis massivster **Manipulationen** zustande gekommen sein, Manipulationen, welche – auch durch Imperialismus und Kolonialismus - zu einer, inzwischen weltweit, **kollektiven Gehirnwäsche epidemischen Ausmaßes** geführt haben. Diese **kollektive Gehirnwäsche** hat uns als Mammalia-Menschenart von unserer **mutterkörperlichen Natur** und der damit verbundenen **Matrifokalen Kultur** abgetrennt. Wie konnte das passieren?

Die amerikanische Psychologieprofessorin Margaret Singer hat bereits 1982 **Gehirnwäsche** als eine sich in sechs Schritten vollziehende, nicht sichtbare soziale Anpassung beschrieben:

Die Mechanismen der manipulativen Gehirnwäsche, die sich auf eine einzelne Person beziehen, können auch kollektiv auf die Gesellschaft insgesamt übertragen werden. Wir leben heute alle in einem scheinbar geschlossenen logischen System, in der die gesamte Gesellschaft vom Mann und vom Vater her definiert und bestimmt wird. Es erscheint uns natürlich. Tatsächlich entspricht dieses Männer- und Väterdefinitionssystem - das Patriarchat -, das seit dem Metallzeitalter von einer Männergeneration zur nächsten, vom Vater zum Sohn weitergeben wird, aber nicht der Natur des Menschen. Es ist ein junges Ideologieartefakt der Gewaltimmanenz, welches uns nicht nur von unserer Natur und unserer Biologie abtrennt, sondern auch von unseren Wurzeln. Diese Abtrennung macht uns immer weiter anfällig für Manipulationen, die sich in einer Gewaltspirale hochgeschaukelt haben. Unsere Gesellschaft ist heute eine Gesellschaft des Krieges, eine Gesellschaft des Kampfes und der Konkurrenz. Wir stellen das aufgrund der Gehirnwäsche des Metallzeitalters nicht in Frage. Wir halten diese Kriegsgesellschaft für menschenartgerecht, für zivilisatorisch, für fortschrittlich.

Tatsächlich ist unsere Gesellschaft keine Zivilisation. Unsere Gesellschaft ist auch keine Gesellschaft des Friedens. Unsere Gesellschaft ist eine **Gesellschaft der Zerstörung**. Die gewaltimmanenten widernatürlichen Manipulationen des Patriarchats der letzten Jahrtausende haben den Menschen dumm gezüchtet. Denn sehr eng ist diese Verdummungs-Menschenzucht verbunden mit der Tierzucht und beide werden göttlich legitimiert durch einen **Vatergott**, der immer ein **Hirten-Gott** ist. Die gute Nachricht ist, dass menschengeschichtlich dieser manipulative Menschenverdummungsprozess erst seit ein paar Tausend Jahren besteht. Er ist nicht ein unabänderlicher Teil des Menschen. Er ist veränderbar, wenn wir anfangen die manipulativen Gehirnwäschestrukturen des Patriarchats zu durchblicken. **Aufklärung** ist also das Mittel der Wahl gegen die Menschenverdummung.

Der **Feminismus** erkennt diese tiefgreifenden Strukturen des Patriarchats bisher leider nicht. Deshalb doktert er unablässig an Symptomen herum: er engagiert sich gegen Gewalt an Frauen, gegen Prostitution, gegen sexuelle Gewalt, gegen Pornographie und, und, und… Aber der Feminismus durchschaut nicht die Strukturen des Patriarchats.

Der Feminismus bleibt innerhalb des patriarchalen Systems. Er versucht, nur die Teilhabe von Frauen am patriarchalen System zu erhöhen.

Da das System des Patriarchats aber so widernatürlich und damit destruktiv ist, ist dieser Weg der Gesellschaftsveränderung nicht ausreichend.

Die **Interdisziplinäre Patriarchatskritikforschung** hingegen decodiert die **Gehirnwäsche des Patriarchats**, der wir alle ausgesetzt sind, von Grund auf, und zwar mithilfe eines **wissenschaftlichen, interdisziplinären Forschungsansatzes**, in der Erkenntnisse der Prähistorik, der Archäologie, der Anthropologie, der Religionswissenschaften, der

Linguistik, der Soziologie, der Biologie, der Genetik, der Kulturwissenschaften und der Landschaftsmythologie einfließen. Schwerpunktmäßig betrifft die Patriarchatskritik folgende Themenbereiche:

1. Die **Geschichtsschreibung**, welche die **Natürliche Integrative Ordnung der Mutter**, die darauf gegründete soziologische Lebensform der **Matrifokalität** und die damit einhergehende Kulturleistung der Mütter während des größten Teils der Menschheitsgeschichte negiert und unterschlägt

2. Die **Theologien**, welche die ursprüngliche, in der Natur verankerte **mütterliche Religion** versucht haben zu zerstören, um männliche Herrschaft durch erfundene, dogmatisch niedergeschriebene theologische Ideologien zu legitimieren

3. Die **Kontrolle** der **Sexualität** und der **Gebärfähigkeit** der Frauen durch patriarchale Familienkonstellationen, Jungfernkult und männlichem Fruchtbarkeitswahn, die einerseits zu erheblichen Beschneidungen weiblicher Lebensfreiheit, einer Trennung der menschenartwichtigen Großmutter-Mutter-Tochter-Beziehung und andererseits weltweit zu exponentiellem Bevölkerungswachstum geführt haben

4. Die kriegsbasierte Installation von **Vaterstaaten** auf der Basis der patriarchalen Verquickung von Politik, Rechtsprechung, Theologie, patriarchaler Wissenschaft und Militär

5. Die **patriarchale Ökonomie**, welche die menschenartgerechte **Matrifokale Gesamthandwirtschaft** zunehmend verdrängt hat und auf der Ausbeutung der Natur und der Frau und vor allem der Mutter fußt

6. Die Definition des **Arbeitsbegriffs**, welche die an die **Körperlichkeit des Menschen** gebundene **Fürsorgearbeit** oder **Carearbei**t als nicht geldwert belegt, deshalb Mütter erheblich finanziell diskreditiert und damit Kinder selbst in reichen Industrienationen in Armut stürzt, denn **Kinderarmut** ist **Mütterarmut**

7. Die Definition des **Macht**begriffs, welche im Patriarchat nur eine Teilhabe am männlichen Verständnis von **Herrschaftsmacht** meint. Macht in seinem natürlichen Ursprung ist aber ein **MA-Wort**, also ein typisches Mutterwurzelsilbensprachwort. Wir finden es auch in dem Aktivitätswort **MA-chen** und es bedeutet von der Natur aus gedacht: **Macht, Leben zu machen**. Ein solches Verständnis von Macht verschiebt die Macht hin zur **Heiligung von Mutterkörperlichkeit.** Das Patriarchat

hat aus dieser einst heiligen mutterkörperlichen Lebensmacht **mütterliche Ohnmacht** gemacht.

Die **Patriarchatskritik** denkt **radikal**, das heißt, ihre Forschungen sind verwurzelt in der Natur, welche die Grundlage des Lebens ist, und sie beginnen am Anfang der Menschheitsgeschichte. Durch diesen radikalen, im Leben verwurzelten und gleichzeitig wissenschaftlich interdisziplinären Ansatz kann die **Patriarchatskritikforschung** nachweisen, dass das Patriarchat menschengeschichtlich nicht schon immer da war, sondern erst seit ein paar Tausend Jahren existiert. Sie kann nachweisen, dass das Patriarchat auch nicht gottgewollt ist, sondern sich lediglich mit erfundenen Theologien ein Gottesbild geformt hat, um die ursprüngliche göttliche Mutter, um - **Gott MUTTER** - vergessen zu machen, und eine **Herrschaft der Väter** theologisch zu legitimieren. Sie kann nachweisen, dass das Patriarchat die Sexualität und die Gebärfähigkeit der Frau kontrollieren will und deshalb das **Naturprivileg der Frau**, Mutter werden zu können, den Angriffen des Patriarchats besonders ausgesetzt ist. Und sie kann nachweisen, dass das Patriarchat weder menschenartgerecht noch natürlich ist, sondern der Natur und dem Leben gegenüber tiefgreifend zerstörerisch wirkt, so dass es höchste Zeit ist, den zerstörerischen patriarchalen Indoktrinationen wirksam entgegenzutreten.

Die Patriarchatskritik delegitimiert die **Definitionsmacht des Patriarchats** und entlarvt sie als **androzentrischen Irrtum**, wie Gerda Lerner es 1995 bereits in ihrem Buch „Die Entstehung des Patriarchats" treffend formuliert hat. Lerner schreibt:

„Historiker haben das Wirken von Frauen zugeschüttet" (S. 279) ... Frauen hatten keine Geschichte – das wurde ihnen gesagt, und das glaubten sie. So war es letzten Endes die Hegemonie des Mannes über das anerkannte Symbolsystem, durch die die Frauen am entschiedensten benachteiligt wurden". (S. 272).

Und sie präzisiert weiter:

„Diese Wirkung der männlichen Hegemonie war für Frauen besonders schädlich und hat ihren untergeordneten Status für Jahrtausende fixiert. Dass den Frauen eine eigene Geschichte versagt worden ist, hat immer erneut dafür gesorgt, dass Frauen die Ideologie des Patriarchats akzeptierten, was ihr Selbstwertgefühl nachhaltig unterminiert hat. Die Männer-Version der Geschichte, legitimiert als „allgemeingültige Wahrheit", hat Frauen als Randfiguren der Zivilisation und als Opfer der geschichtlichen Entwicklung dargestellt". (S. 276).

Lerner bringt es auf den Punkt, indem sie benennt, dass Frauen durch das Zuschütten der eigenen Geschichte das **Stigma der Bedeutungslosigkeit** erhalten haben (S. 277).

Mit dem Stigma der Bedeutungslosigkeit, damit kämpfen Frauen bis heute, egal ob es um das geht, was Frauen sagen, was sie schreiben, was sie arbeiten:

Was Frauen machen, ist nichts wert oder viel weniger wert als alles, was ein Mann tut. Das ist so definiert im Patriarchat.

Und Gerda Lerner erkennt und benennt deutlich, dass eine der wesentlichen Ursachen für die uneingeschränkte Macht der Männer, verbindliche Symbolsysteme zu schaffen am **Monopol der Männer beim Festlegen von Definitionen** liegt. (S. 272). In ihrer vortrefflichen Analyse des Patriarchats führt sie hierzu weiter aus:

„Auf der Basis solcher symbolischen Konstrukte, die eingebettet sind in die griechische Philosophie, die jüdisch-christliche Theologien und die Rechtstradition, auf die die westliche Kultur gegründet ist, haben Männer die Welt in ihren eigenen Begriffen erklärt und die Leitfragen in einem Sinn definiert, der sie selbst in den Mittelpunkt des Diskurses rückt. Indem sie unter die Begriffe jemand, man, jedermann die Frau subsumierten und ihnen die Repräsentation der ganzen Menschheit zuschrieben, haben Männer einen begrifflichen Irrtum von ungeheurer Wirkung in das gesamte Denken eingefügt". (S. 272/273).

Gerda Lerner fordert zur Richtigstellung dieses **androzentrischen Irrtums** eine radikale Umstrukturierung des Denkens und der Analyse durch Frauen. Sie schreibt weiter:

„Die vielleicht größte Herausforderung für denkende Frauen ist die Aufgabe, den Wunsch nach Sicherheit und Zustimmung hinter sich zu lassen und die „unweiblichste" aller Eigenschaften zu entwickeln – intellektuelle Arroganz, die höchste Form der Hybris, die sich das Recht zubilligt, die Welt neu zu ordnen". (S. 283).

Während Simone de Beauvoir, die Ikone des europäischen Feminismus, in ihrem einflussreichen Buch „Das andere Geschlecht" (1968, S. 13) noch den androzentrischen Irrtum übernahm und den Frauen, wie im Patriarchat gang und gäbe, unterstellt, dass sie keine eigene Vergangenheit, keine Geschichte und keine Religion hätten, hat die Patriarchatskritikforschung diesen Irrtum des Feminismus längst widerlegt, den androzentrischen Irrtum korrigiert, die Vergangenheit mithilfe der Patriarchatskritikforschung neu geordnet und definiert. Mit dieser Neudefinition von Geschichte und Gesellschaft wurde der patriarchal gewollte Opferstatus verlassen und die denkerische Grundlage geschaffen, die Zukunft des Lebens auf der Erde tiefgreifend umzugestalten. Diese Umgestaltung kann gemeinsam mit patriarchatskritischen Männern und Vätern geschehen, denn nicht der Mann im Allgemeinen und der Vater im Besonderen ist das Ziel der Patriarchatskritik, sondern das Gesellschaftssystem des Patriarchats als gewaltbasiertes zerstörerisches Herrschaftssystem.

Literaturverzeichnis:
Beard, Mary: Frauen & Macht – Ein Manifest; 2018
De Beauvoir, Simone: Das andere Geschlecht – Sitte und Sexus der Frau, 1968
Elberfelder Bibel
Lerner, Gerda: Die Entstehung des Patriarchats, 1995
Singer, Margaret zitiert in Schwertfeger, Bärbel: Der Griff nach der Psyche – welche Folgen umstrittene Trainings und Therapieangebote haben können; S. 5: Elterninitiative zur Hilfe gegen seelische Abhängigkeit und religiösen Extremismus e.V.; http://www.sektenwatch.de/drupal/sites/default/files/files/psycho_seminare.pdf

Matrifokalität und die Natürliche Integrative Ordnung der Mutter

Matrifokalität ist **kein Matriarchat** und ein Matriarchat, eine Herrschaft der Mütter, hat es historisch auch noch nie gegeben. Der Matriarchatsbegriff ist also nicht nur irreführend, sondern falsch. Matrifokalität bedeutet: Mütter im Focus, Mütter im Zentrum. (Armbruster, Kirsten: Matrifokalität, 2014).

Matrifokalität spiegelt die evolutionsbiologisch von der Natur entwickelte **Natürliche Integrative Ordnung der Mutter** wieder, die wir nicht nur alle sehen können, sondern jeder einzelne von uns, real körperlich erfahren hat, denn die Körperausbildung der Menschenart, an die menschliches Leben auf Erden gebunden ist, erfolgt ausschließlich im Körper der Mutter. Weibliches, männliches, intersexuelles und transsexuelles Leben, die gesamte Diversität menschlichen Lebens, wächst nabelgebunden im Körper der Mutter heran und wird von ihrem Blut genährt. Es ist der größte gemeinsame Nenner aller Menschen, jenseits von allen Unterschieden.

Matrifokalität, eine Gesellschaft, in der Mütter im Zentrum stehen, ist daher **menschenartgerecht**. Eine Gesellschaft hingegen, wie das im Laufe der neolithischen Tierzucht beginnende und im Metallzeitalter mit Gewalt durchgesetzte kriegerische Patriarchat, die den Mann und Vater als Dreh- und Angelpunkt auf allen Gesellschaftsebenen internalisiert hat, ist nicht menschenartgerecht und daher nicht funktional.

Tatsächlich kann eine patriarchale Gesellschaft nicht funktionieren, weil sie wider die Natur ist, denn die **Natur** und die **Evolutionsbiologie** haben auf die Mütter gesetzt und nicht auf den Mann und schon gar nicht auf den Vater, denn tatsächlich ist erst seit kurzem eine sichere Bestimmung von Vaterschaft durch einen Gentest möglich. Das bedeutet: **Für die Natur ist Vaterschaft die schönste, sexuell induzierte Nebensache der Welt.**

Das Patriarchat bekämpft die Natürliche Integrative Ordnung der Mutter mit allen Mitteln und ein Kampf gegen Mütter ist immer auch ein Kampf gegen die Natur. Folglich werden in einer männerdefinierten Gesellschaft wie dem Patriarchat, die Natur und die Mütter am stärksten ausgebeutet und die einzigartige Lebensausbildungsfähigkeit der Mütter – und zwar der Menschenmütter und der Tiermütter – wird auch am stärksten durch Freiheitsbeschneidungsgesetze der biologisch verankerten sexuellen female choice in zahlreicher Form kontrolliert: Durch monogame Ehe-Paar-Gesetze, Theologien, Jungfrauenkult, Kleidervorschriften, Verächtlichmachung runder Körperlichkeit, Väterrechte oder auch durch unsere Massentierzucht, die auch sprachlich mit Beschimpfungen korreliert, wie beispielsweise: du dumme Sau, du blöde Kuh.

Antrieb des Patriarchats ist der **Gebärneid des Mannes**, wie Gabriele Uhlmann in ihrem Buch „Der Gott im 9. Monat" (2015) weiter herausgearbeitet hat, der durch geistige Kopfgeburt-Schöpfung, unter Missachtung körperlicher und natur- und erdgebundener Realitäten der Menschenart kompensiert wird und durch falsche biologistisch mechanistische Theorieungetüme die Biologie, die Natur und letztendlich die Mütterordnung des Lebens zerstören will. Das Ergebnis, das wir heute bereits in einem riesigen Ausmaß überall erkennen können, ist die Zerstörung des Lebens insgesamt, denn das Patriarchat hat dem Gebärneid des Mannes riesige **Misogynie-Aktionsräume** zugestanden, denn Misogynie ist nicht nur **Frauenhass**, sondern in Wahrheit **Naturhass**.

Zu den vom Patriarchat zugestandenen **Misogynie-Aktionsräumen** zählt neben der offensichtlich **tätlichen Gewalt** auch die **strukturelle Gewalt**, welche die auf **Massenwachstum** setzende **biologische Fruchtbarkeit des Vaters** hofiert und mit zwei parallel verlaufenden **exponentiellen Wachstumskurven** korreliert. Und zwar dem **Bevölkerungswachstum** und dem bis heute **99 % -igen männlichen Privateigentumsakkumulationswachstum**, welche beide mit dem Beginn der Tierzucht in Form der Privateigentumsbildung durch Tierherden begannen. Nicht zufällig sind die **capites** ursprünglich die Häupter einer Herde. **Kapitalismus** und **männliche Fruchtbarkeit** sind also auch nicht zufällig exponentiell wachstumsgetrieben. Tatsächlich werden sie durch eine dritte Komponente in ihrer Zerstörungskraft verstärkt. Die Erfindung männlicher Götter, welche ebenfalls nicht zufällig, sondern kausal parallel verläuft mit der neolithischen Implementierung der auf Freiheitsberaubung beruhenden Tierzucht, denn die erste, historisch als männlicher Gott interpretierbare Männerfigur, stammt aus **Şanliurfa (Urfa)**, Anatolien in der Türkei und wird auf circa 8500 v.u.Z. datiert. Das ist circa 400 Jahre nach der ersten Domestizierung von Ziegen und Schafen.

Älteste, überlebensgroße, männliche Statue aus **Şanliurfa (Urfa)**, in der Nähe von Göbekli Tepe, Anatolien, Türkei; Datierung circa 8500 v.u.Z.; die Figur ist wahrscheinlich die erste **Darstellung eines männlichen Gottes**; Foto: Creative Commons 4.0 International, User: Cobija

Hier beginnt die erste patriarchale Unterminierung der evolutionsbiologisch angelegten Matrifokalen Ordnung der Mutter, die mit dem Verständnis einer **göttlichen Mutter** einherging und die ich bewusst

Gott MUTTER nenne, weil sie am Anfang von **Religion**, aber nicht von Theologie steht und vom Patriarchat , ebenso wie die 500 000 jährige **Matrifokale Kulturelle Menschheitsgeschichte** unterschlagen wird. (Armbruster, Kirsten: Gott die MUTTER- Eine Streitschrift wider den patriarchalen Monotheismus, 2013). Die patriarchale Untergrabung der Matrifokalen Ordnung der Mutter verfestigt sich theologisch durch die Gewaltinternalisierung eines **monotheistischen Vatergottes** ab 650 v.u.Z., der nicht zufällig ein **Hirtengott** mit **Geißel** und **Krummstab** ist (Bott, Gerhard: Die Erfindung der Götter, 2009 und 2014). und den lebenszerstörenden Wachstumsbefehl herausgibt: **Seid fruchtbar und mehret euch und machet euch die Erde untertan**.

Literaturverzeichnis:
Armbruster, Kirsten: Matrifokalität – Mütter im Zentrum – Ein Plädoyer für die Natur – Weckruf für Zukunft, 2014
Bott, Gerhard: Die Erfindung der Götter – Essays zur Politischen Theologie, 2009 und 2014 Teil 2
Uhlmann, Gabriele: Der Gott im 9. Monat – Vom Ende der mütterlichen Gebärfähigkeit und dem Aufstieg der männlichen Gebärmacht in den Religionen der Welt, 2015

Die Matrifokale Gesamthandwirtschaft - die älteste Ökonomie des Menschen

Historik, Archäologie, und Theologie postulieren heute brüderlich vereint, dass der Mann schon immer im Zentrum menschlichen Lebens stand. Der Mann als **individueller Vater** einer **Paarungsfamilie**, der „**seine**" **Familie** beschützt, und deshalb seit dem Paläolithikum als **Ernährer** durch die **Jagd „seine Familie"** versorgt. Damit ist der Mann laut patriarchaler Indoktrination auch der Begründer der ältesten Ökonomie des Menschen.

Tatsächlich handelt es sich bei diesem männlichen Rollenbild um ein interpoliertes Klischee aus der Jetztzeit des Patriarchats auf die Zeit der paläolithischen WildbeuterInnen. Die Interdisziplinäre Patriarchatskritikforschung widerspricht diesem interpolierten Klischee und hat völlig andere soziobiologische Verhältnisse der WildbeuterInnen im Paläolithikum (Altsteinzeit) frei gelegt.

Keine Paarungsfamilie im Paläolithikum

Gerhard Bott schreibt in seinem ersten Band „Die Erfindung der Götter" (2009), dass bereits die Menschenart heidelbergensis in Gemeinschaften oder

Horden von **100 bis 120 Individuen** lebten. (S. 22).
Bott schreibt:

„Diese neuen Erkenntnisse zur Hordengröße stammen aus den Ausgrabungen in Sima de los Huesos bei Atapuerca. Sie werden beschrieben bei ARSUAGA (S. 290f) und stammen vom Paläodemographen Jean-Pierre BOQUET-APPEL". (Bott, Gerhard, 2009, S. 23).

In seinem bahnbrechenden Werk arbeitet Bott heraus, dass nicht wie heute die **Vater-Mutter-Kind-Paarungsfamilie** die **Ursprungsfamilie des Menschen** ist, sondern die **konsanguinale matrilineare Blutsfamilie**. Bott schreibt ein paar Seiten weiter:

*„Eine Betrachtung, die den Anspruch auf Wissenschaftlichkeit erhebt, kann, schon aus soziobiologischen Gründen, heute nicht mehr die Paarungsfamilie zur menschlichen Ur-Familie erklären, sondern muss von der Annahme ausgehen, dass der **paläolithische homo sapiens in Blutsfamilien** lebte, um die sich infolge der **genetisch programmierten Exogamie, blutsfamilienfremde Sexualpartner** gruppierten, die, geschart um eine solche Blutsfamilie als Kern, mit dieser eine **Lebens-Arbeits-Aneignungs- und Konsumgemeinschaft** bildeten. Diese Lebens- und Wirtschaftsgemeinschaft wird oft als „**Horde**" oder „**band**" bezeichnet, die ich aber **Genossenschaft** nenne, weil dies von heutigen soziologischen wie juristischen Er-*

kenntnissen ausgehend, die angemessene und treffende Bezeichnung ist". (ebenda, S. 32/33; Hervorhebung nicht im Originaltext).

Keine Mann-Ernährer-Ökonomie im Paläolithikum

Nicht nur das Familienmodell unterschied sich im Paläolithikum wesentlich von der heutigen Paarungsfamilie, sondern ebenso die Ökonomie. Gerhard Bott führt hierzu aus:

„Die Wildbeuter-Genossenschaft des Paläolithikums, die sich um eine Blutsfamilie als Kern schart, ist eine Gemeinschaft von Nicht-Sesshaften mit aneignender Wirtschaftsweise. Diese Wirtschaftsgenossenschaft war soziologisch und juristisch gesehen eine **Gesamthandgemeinschaft***, es ging um gemeinschaftliche Aneignung der beiden geschlechtsspezifischen Arbeitsgemeinschaften: Das Jägerkollektiv der Männer teilte das gemeinsam erlegte Wildbret, oft große Huftiere, an denen es natürlich kein individuelles Privateigentum gab, mit dem Sammlerinnen-Kollektiv der Frauen und Kinder und erhielt dafür Anteil an deren Sammelgut, das ebenfalls* **Gesamthandeigentum** *war. Dieses kollektive Sammeln der Frauen bzw. Jagen der Männer bietet dem Einzelnen nicht nur* **Gesellschaft***, sondern, was im Paläolithikum das Wichtigste war, vor allem*

gegenseitige Hilfe und *Schutz* bei der Aneignungsarbeit. Wie wir sahen, war der **Nahrungsbeitrag des Jägerkollektivs**, das ja praktisch während des gesamten Paläolithikums nur mit Speeren jagte, weil Pfeil und Bogen erst im Magdalénien, rund 2500 Jahre vor Beginn des Neolithikums erfunden wurden, gering und machte etwa nur **ein Viertel der Nahrung** aus. Die Verteilung zum Konsum findet in diesen **akephalen** und **egalitären Genossenschaften** durch **Konsens** statt, d.h. entsprechend den gemeinschaftlich gefundenen Regeln und Gebräuchen. Der gesellschaftswissenschaftliche Zusammenhang von **Blutsfamilie und Gesamthandeigentum** ist von grundlegender Bedeutung. Während die spätere **Paarungsfamilie** auf dem **Privateigentum** beruht, ist die Blutsfamilie gekennzeichnet durch das Gesamthandeigentum, d.h. es gibt kein Privateigentum an den Ressourcen". (ebenda, S. 33/34; Hervorhebungen nicht im Originaltext).

Die matrilineare Blutsfamilie der WildbeuterInnen im Paläolithikum zeichnet sich einerseits durch die **female choice**, die biologisch verankerte, **freie Sexualitätsauswahl der Frau**, andererseits aber auch durch ein auf **Chemotaxis gesteuertes Inzestverbot** innerhalb dieser matrilinearen Abstammungslinie aus. (Bott, Gerhard, 2009; S. 22-72; Uhlmann, Gabriele: 2012, S. 40-54; Armbruster, Kirsten, 2013, S. 15-17). Das bedeutet aber auch, dass sich die Lebensweise der WildbeuterInnen von denen der sesshaften NeolithikerInnen wesentlich unterschied, denn die **exogamen Sexualpartner** unter denen sich auch, im heutigen Sprachgebrauch, die möglichen **biologischen Väter** befanden, waren in die **Matrifokale Ordnung des Paläolithikums** auch sozial integriert. Bott präzisiert die **Matrifokale Ordnung der WildbeuterInnen** im zweiten Band „Die Erfindung der Götter" (2014):

*„Die als Sammlerinnen kooperierende Gemeinschaft der Frauen mit ihren Abkömmlingen beschaffte mindestens zwei Drittel der Gesamtmenge ihrer als autarke Lebens- und Wirtschaftsgemeinschaft nomadisierenden Genossenschaft, der etwa 30 geschlechtsreife Frauen/Mütter mit deren 60 Abkömmlingen, d.h. Kindern und Heranwachsenden angehörten, sowie **30 geschlechtsreife exogame Männer**. Diese 30 aus anderen Wildbeuter-Genossenschaften stammenden und von den Frauen in die Genossenschaften aufgenommenen Männer beschafften durch die Jagdbeute des Jägerkollektivs im Durchschnitt ein Drittel der Gesamtnahrung, je nach Jägerglück manchmal weniger, manchmal mehr. Da die 30 erwachsenen Frauen/Mütter alle miteinander blutsverwandt waren, d.h. derselben konsanguinalen Geburtsfamilie entstammten, bildeten sie mit ihren Kindern eine matrilineare Blutsfamilie, zu welcher also mit Ausnahme der „fremdblütigen" Männer, etwa 90 Individuen der Genossenschaft von 120 Köpfen gehörten. Die 30 geschlechtsreifen Männer, die als „Familien-Fremde" von jener gemeinsam lebenden und sammelnden Blutsfamilie in ihren (biologischen) Sozialverband aufgenommen wurden,*

waren die exogamen Sexualpartner der Frauen ... und betrachteten deren Blutsfamilie als ihre neue Lebensgemeinschaft, nachdem sie, sobald geschlechtsreif geworden, ihre eigene matrilineare Blutsfamilie, in die sie hineingeboren worden waren, zu verlassen hatten, um Platz zu machen für die fremden, exogamen Männer, die von ihren Müttern, Schwestern, Cousinen in ihre Wirtschaftsgemeinschaft aufgenommen wurden (vgl. mein Kapitel II, S. 22 ff.). Die Männer waren also für die Frauen Fremde, denn sie mussten Familien-Fremde sein. Sie waren aber durch Sexual- und Liebesbeziehungen mit den Frauen ihres neuen Sozialverbandes eng verbunden. (Bott, Gerhard: 2014, S. 117).

Bott ergänzt ein paar Seiten weiter die Beschreibung der paläolithischen Lebensverhältnisse:

„Jeder junge Mann einer paläolithischen Lebens- und Wirtschaftsgemeinschaft wird nach seiner Pubertät den Tag mit Ungeduld erwarten, an dem er seine Geburtsgenossenschaft verlassen kann, weil dort ja alle weiblichen Wesen der Blutsfamilien-Exogamie wegen für ihn sexuell tabu sind. Wenn er als junger Jägers-Mann aufgenommen wird in eine andere blutsfremde Wildbeutergenossenschaft, eröffnet sich ihm die Chance seine gerade erwachte Sexualität auszuleben, sofern ein (oder mehrere) der Frauen ihn zum Sexualpartner wählen. Regelmäßig wird der junge Mann in diejenige Genossenschaft eingeführt werden, in welche der Bruder seiner Mutter oder sein älterer (matrilinearer) Bruder zuvor bereits aufgenommen worden wa-

ren und diese blutsverwandten Männer initiieren ihren jungen matrilinearen Blutsverwandten in ihr Jägerkollektiv und sorgen für seine Ausbildung". (ebenda, S. 121/122).

Die Idee des Vaters als Dreh- und Angelpunkt einer Paarungsfamilie in der gesamten Menschheitsgeschichte, obwohl individuelle Vaterschaft beim Menschen erst seit wenigen Jahren mit dem Einsatz von DNA-Tests eingegrenzt werden kann, steht archäologisch und historisch im Widerspruch dazu, dass die **Idee der individuellen Vaterschaft** erst im **Neolithikum**, in Verbindung mit der **Domestikation von Herdentieren**, frühestens also ab 8900 v.u.Z., entstand. **Patrilineare Vaterfamilienstrukturen** treten sogar erst in der **Kupfersteinzeit**, also erst im 5. Jahrtausend in Verbindung mit den damals einsetzenden Migrationsbewegungen von kriegerischen Rinderbauern auf, welche die Frauen erstmals von ihrer eigenen **Matrifokalen Gesamthandökonomie** als **Sammlerinnen** im Paläolithikum und „**Vor-Pflug-Acker-und-Garten-Nahrungs-Anbauerinnen**" im Neolithikum, abtrennten. Erst diese Abtrennung von der eigenen Ökonomie zwang die Frauen in die "**Mann-Ernährer-Abhängigkeit**". Theologisch historisch ist auch klar belegbar, dass zwar **männliche Götter** erstmals parallel mit der **Tierzucht** auftreten, dass der Mann als **Vater-Hirten-Gottheit** aber erst mit dem **Monotheismus** aufkommt, also niemals am Anfang von „Schöpfung" stehen kann, wie durch patriarchale Schriften suggeriert. Auch hier können wir inzwischen historisch nachvollziehen, dass JHWE als monotheistischer Vatergott erst in der Zeit von König Josia 650 v.u.Z. gesellschaftlich durchgesetzt werden konnte, also erst 450 Jahre nach dem ersten **Mythologischen Muttermord**, der 1100 v.u.Z. im babylonischen Weltschöpfungsepos Enuma Elish im Kampf zwischen Marduk und Tiamat beschrieben wird.

Keine Jagdszenen im Paläolithikum

Eine weitere von der Historik vermittelte Falschinformation, welche den Mann zum Ernährer katapultiert, betrifft die Ernährung im Paläolithikum. Die Menschen ernährten sich im Paläolithikum nämlich nicht überwiegend von Fleisch aus der Jagd, wie allgemein vermittelt, sondern sie ernährten sich vor allem von der **Arbeit des Matrifokalen Gesamthandsammlerinnenkollektivs** und nur zwischendurch durch das Fleisch großer Tiere, die der Jagd als Beute zum Opfer fielen.

Interessant, im Zusammenhang mit männlichen Darstellungen aus dem Paläolithikum und die damit verbundene Interpretation des **Mannes als Ernährer** der Frauen und Kinder, ist, dass es praktisch keine Höhlenmalereien aus dieser Zeit gibt, die Jagdszenen darstellen, was nochmal deutlich zeigt, dass die **Höhlen keine Jagdheiligtümer** sind. Das ist ja auch nicht weiter verwunderlich ist, wenn man die Erkenntnis hinzuzieht, dass Mulier-Homo sapiens im Vergleich zu neanderthalensis gar kein großer Jäger war, was bereits von J. H. Reichholf in seinem Buch „Das Rätsel der Menschwerdung" (2010) aufgeführt wird (zit. in Bott, 2014) und von Gerhard Bott (2014) weiter ausgeführt wird. Bott schreibt:

„Richtig ist, dass unsere Art „homo sapiens", wie auch seine Vorfahren, sich vorwiegend vegetarisch vom Sammelgut und nicht von der Jagd ernährten. Anders ist dies bei den Neandertalern, die ihre Ernährung stärker der Jagd verdankten, etwa so wie die Esquimos..." (Bott, Gerhard, 2014, S. 19).

Ein paar Seiten weiter konkretisiert Bott die Aussagen über das **geringe Jagdverhalten bei Mulier-Homo sapiens**, denen ja die paläolithischen Höhlenmalereien zugeschrieben werden. Er ergänzt bezugnehmend auf weitere Einlassungen Reichholfs:

„(2) Wie Reichholf zuvor immer wieder ausgeführt hatte, waren die Frauen für eine „hinreichende Versorgung" keineswegs von der Jagdbeute der Männer abhängig: Er bestreitet sogar, dass die Männer der afrikanischen homo sapiens Jäger gewesen seien (s. S: 248 f,234) und anerkennt, dass die Gruppen sich überwiegend vom Sammelgut der Frauen ernährten". (Bott, Gerhard, 2014, S. 24).

Jagdszenen im Paläolithikum sind tatsächlich extrem selten dargestellt, was auch in einer Informationstafel des archäologischen Museums Musée Archéologie Nationale (MAN) in St.-Germain-en-Laye nachzulesen ist. Eine Ausnahme könnte der gravierte Stab eines Rentiergeweihs sein, der in der Höhle **La Vache in Alliat** gefunden wurde und als **„Jagd des Auerochsen"** interpretiert wird.

Eine der sehr seltenen Jagdszene aus der Grotte de la Vache in Alliat, Ariège, Magdalenien 14 000-12 000 v.u.Z., Frankreich; Foto: Franz Armbruster Musée Archéologie Nationale (MAN), St.-Germain-en-Laye, Frankreich

Schauen wir auf die historisch ersten großflächigen Abbildungen von **Jagdszenen**, so finden wir diese überraschenderweise nicht in den paläolithischen Höhlen – was nach dem offiziell vermittelten Bild über die Steinzeit, welches den **Mann als Jäger** und **Ernährer einer Paarungsfamilie** und die **Höhlen**, dem androzentrischen Weltbild des Patriarchats entsprechend, als **Jagdheiligtümer** interpretiert, – zu

erwarten wäre. Interessanterweise finden sich großflächige Jagdszenen erst im **Neolithikum** und zwar
als Wandmalereien erstmals in der Stadt **Chatal
Höyük**, in Anatolien, in der Türkei, also in einer Zeit,
wo erstmals die Rinderdomestikation auftrat. Die
dargestellten Jagdszenen werden auf circa 6500
v.u.Z. datiert. Bei den in Chatal Höyük großflächig
dargestellten Jagdszenen sticht die überwiegend von
Männern ausgeübte Jagd auf einen **großen roten
Stier** besonders hervor.

Großflächige Jagdszenen in Chatal Höyük, Anatolien, Türkei;
(circa 6500 v.u.Z.); hier die Jagddarstellung auf einen großen
roten Stier; Foto: Die Jagd auf einen Auerochsen: „A reconstruc-
tion of the aurochs": Creative Commons 3.0; User: Omar Hoftun

Weitere, teils **kriegerische Jagddarstellungen,** finden sich aber auch in **Spanien** in der sogenannten **le-
vantinischen Felskunst**. Letztere gehen wahrscheinlich auf die ab 5700 v.u.Z. aus Nordafrika nach
Spanien eingewanderten **Impresso-Cardinal-Kera-
miker** zurück, die ebenfalls Rinderzüchter waren.
(Bott, Gerhard; 2009, S. 140). Diese Zeichnungen heben sich stark ab von der frankokantabrischen Höh-
lenmalerei des Paläolithikums. (Bandi, Hans Georg;

1951, http://doi.org/10.5169seals-114008, ETH Bibliothek, Schweiz).

Literaturverzeichnis:
Armbruster, Kirsten: Gott die MUTTER – Eine Streitschrift wider den patriarchalen Monotheismus, 2013
Bandi, Hans Georg; 1951, http://doi.org/10.5169seals-114008, ETH Bibliothek, Schweiz
Bott, Gerhard: Die Erfindung der Götter; Essays zur Politischen Theologie, 2009
Bott, Gerhard: Die Erfindung der Götter; Essays zur Politischen Theologie, Band 2, 2014
Uhlmann, Gabriele: Archäologie und Macht: Zur Instrumentalisierung der Ur- und Frühgeschichte, 2012

Die Lüge, dass Mütter nicht arbeiten

Matrifokale Gesamthandwirtschaft als menschenartgerechte Körperökonomie

Die **Matrifokale Gesamthandwirtschaft** ist die Wirtschaftsform, die dem Menschen als mutterzentriertem, der kollektiven Kooperation besonders bedürftigem Lebewesen gerecht wird, und auch die Wirtschaftsform, welche den größten Teil der Menschheitsgeschichte praktiziert wurde. Alle arbeiteten gemeinsam, um die Befriedigung der Bedürfnisse des menschlichen Individuums an Nahrung, Fürsorge, Sauberkeit, Wärme, Schutz, Geborgenheit, Schönheitssinn und Lebensfreude innerhalb des Lebensraums der Natur gemeinschaftlich aufzuteilen. Die Evolution hat den emotional modernen Menschen daher, anders als uns von der Kriegsrhetorik des Patriarchats implementiert, besonders stark mit friedlichen, empathischen, altruistischen, schenkbereiten und hypersozialen Fähigkeiten ausgestattet. (Mehr dazu in: Armbruster, Kirsten: Die Evolution frisst keine Kinder – eine anthropologische Revision; www.kirstenarmbruster.wordpress.com: 18.01.2018).

Die Matrifokale Gesamthandwirtschaft als menschenartgerechte Form der Ökonomie ist eine Wirtschaft der Gesamtgesellschaft und sie ist eine Ökonomie des Körpers. Damit ist sie nicht eine Ökonomie gegen die Natur, wie die heutige auf den patriarchalen Mann zugeschnittene Ökonomie, sondern sie ist eine Ökonomie im Einklang mit der Natur und auf der Basis der Natur, denn ohne Körper und ohne Natur existiert kein menschliches Leben auf der Erde. Der Körper ist das Zentrum unseres Erdenlebens.

Damit der Körper überleben kann, bedarf es der intensiven kollektiven Fürsorge. Die **Fürsorgearbeit** oder **Care-Arbeit** ist also die **eigentliche Arbeit** auf die Menschenleben angewiesen ist. Und diese **Arbeit** – die **eigentliche Arbeit** - ist eine **zyklische Arbeit** und damit eine im Einklang mit der Natur stehende Arbeit, auch hier im Gegensatz zur **patriarchalen Arbeit**, welche auf **exponentielles Wachstum** und damit auf **Ausbeutung der Natur** setzt. Das bedeutet in der Konsequenz, dass die patriarchale Ökonomie, welche den ökonomischen Mann als profit-, eigennutz- und wettbewerbsorientiertes und damit lebensfernes theoretisches **Mensch-Maschinen-Modell** ins Zentrum katapultiert hat, nicht auf das Leben, sondern auf **Tod** und **Zerstörung** setzt. Tatsächlich verstößt diese Form der Ökonomie, die inzwischen global propagiert und praktiziert wird, nicht nur permanent gegen die **physikalischen Naturgesetze**, denen wir auf der Erde unterworfen sind, denn unendliches Wachstum kann es auf dieser Erde nicht geben, sondern sie verstößt gleichermaßen auch gegen die **biologischen Lebensgesetze**, denen der Mensch als besonders fürsorge- und gemeinschaftsbedürftiges Lebewesen nun mal unterliegt.

So ,wie die Sonne jeden Morgen im Osten aufgeht und im Westen untergeht, und damit den Tageszyklus des Lebens bestimmt, so, wie die zunehmenden und abnehmenden Wachstumsphasen von Frau Mond unseren Monatszyklus bestimmen und die Jahreszeiten Frühling, Sommer, Herbst und Winter den Jahreszyklus, so ist auch die **Fürsorgearbeit zyklisch**. Katrine Marçals formuliert in ihrem hervorragenden Buch „Machonomics" treffend: (2016, S. 33)

„Der weggefegte Staub kehrt früher oder später zurück. Die gestopften Mäuler werden schon bald wieder hungrig sein. Und die Kinder, die man eben ins Bett gesteckt hat, wachen mitten in der Nacht wieder auf. Auf das Abendessen folgt der Abwasch, auf den Abwasch die nächste Mahlzeit und mit ihr neues schmutziges Geschirr". (Marçals, Katrine: „Machonomics", 2016, S. 33).

Diese ökonomisch versierte Journalistin, deren Buch Pflichtlektüre werden sollte, hat die Absurdität aller heute geltenden ökonomischen Mann-Theorien als menschenuntauglich, weil körperuntauglich entlarvt. Sie schreibt:

„Folglich sind wir trotz *und* nicht *aufgrund* unseres *Körpers menschlich. An seinen Körper erinnert zu werden, heißt, an die Hilflosigkeit, an die unbedingte Abhängigkeit, die einen Teil der menschlichen Existenz ausmachen, erinnert zu werden. Daran, dass der Körper aus einem anderen Körper geboren wird und als schrumpeliges Neugeborenes seiner Umwelt schutzlos*

ausgeliefert ist. Ein menschlicher Körper, der stirbt, wenn er nicht geliebt wird. Der alles erwartet und alles braucht. Der durch Krankheit in die Abhängigkeit zurückgeworfen wird, der altert und stirbt". (ebenda, S. 161/162).

Ein paar Zeilen weiter setzt die Autorin ihre Analyse fort:

„Unsere ökonomischen Theorien sträuben sich, die Realität des Körpers zu akzeptieren und versuchen, ihr mit allen erdenklichen Mitteln zu entfliehen. Der Tatsache, dass Menschen klein sind, wenn sie geboren werden, zerbrechlich, wenn sie sterben, dass sie bei einer Verletzung anfangen zu bluten, ganz gleich, wer man ist, woher man kommt, was man verdient und wo man wohnt. In unseren Körpern nimmt das seinen Ursprung, was uns gemein ist. Wir zittern, wenn uns kalt ist, schwitzen, wenn wir rennen, schreien, wenn wir einen Orgasmus haben oder ein Kind gebären. Durch unsere Körper nähern wir uns einander an. Und aus genau diesem Grund löscht der ökonomische Mann ihn aus und versucht uns weiszumachen, es gäbe ihn nicht. Wir betrachten ihn von außen, wie fremdes Kapital. Und dabei sind wir allein". (ebenda, S. 162/163).

Die weitsichtige Autorin konstatiert:

„Die ökonomischen Theorien trennen uns von unseren Körpern". (ebenda, S. 161).

Auch hier steht am Ende wieder der Tod. Der Selbstmord durch Überarbeitung, wie er in Japan oder auch in China immer wieder dokumentiert wird und in China aufgrund seiner Häufigkeit sogar einen eigenen Namen hat, nämlich guolaosi: Tod durch Überarbeitung. (ebenda, S. 124). Und vor dem Tod die Krankheit, welche sich auch in westlichen kapitalistischen Ländern immer häufiger in psychosomatischen Symptomkomplexen wie Depressionen oder Burn Out zeigt, und in den USA mit einem epidemischen Anstieg an Drogentoten durch Opiate in Verbindung steht, welche von Ärzten gegen Schmerzen verschrieben werden. Der Mensch ist eben keine Maschine, er reagiert mit Schmerzen, er reagiert mit Krankheit, und, wenn er den Schmerz gar nicht mehr aushält, dann stirbt er – auch der auf Gier und Konkurrenz getrimmte patriarchal-ökonomische Mann: vereinzelt und einsam!

Katrine Marçals schreibt:

„Der Mensch kann nicht nur an Nahrungs- oder Wassermangel sterben – sondern auch an Einsamkeit. Ein Baby, das nie hochgenommen und nie gestreichelt wird, wird nicht überleben. Selbst dann, wenn seine materiellen Bedürfnisse gestillt sind". (ebenda, S. 170).

Die Ökonomieexpertin führt aber weiter aus.

„Nähme man den Köper als Ursprungsort der Ökonomie ernst, zöge das weitreichende Folgen mit sich. Eine

auf den gemeinsamen Bedürfnissen menschlicher Körper basierende Gesellschaft würde sich von der Gesellschaft, wie wir sie heute kennen, markant unterscheiden. Hunger, Kälte, Krankheiten, unzulängliche Krankenpflege und Nahrungsmangel wären zentrale Problematiken der Ökonomie und nicht das, was sie heute sind: bedauerliche Nebenwirkungen eines Systems ... Unsere ökonomischen Theorien sträuben sich, die Realität des Körpers zu akzeptieren und versuchen, ihr mit allen erdenklichen Mitteln zu entfliehen". (ebenda, S. 162).

Die menschenartgerechte Matrifokale Gesamthandwirtschaft erfüllt die für die menschliche Existenz erforderlichen ökonomischen Grundbedingungen: Sie ist am Körper orientiert. Sie ist kollektiv und gemeinschaftsbasiert organisiert. Sie stellt die Mütter menschenartgerecht ins Zentrum, auch in der Ökonomie. Und damit ist sie natürlich und naturbasiert und auch deshalb die Lösung für die lebenskollabierende Form des Wirtschaftens des von patriarchalen Vaterblasen getriebenen patriarchal-ökonomischen Mannes, der jede Erdung und damit jeden Realitätssinn verloren hat.

Die Vaterblase und der ökonomische Raubbau des Patriarchats an der Mutter

Die menschenwidernatürliche, auf einem puerilen Gebärneid beruhende, egomanisch-konkurrenz- und Gier getriebene, phalluswachstumsorientierte und damit naturgemäß labile Vaterblase des Patriarchats hat hingegen diese menschenartgerechte, an der Natürlichen Integrativen Ordnung der Mutter orientierte Matrifokale Gesamthandwirtschaft ersetzt durch das „**Teile und Herrsche Dogma**" des Patriarchats, das auf **Raub** aufgebaut ist, denn **privare** bedeutet nichts anderes als **rauben**. So wird deutlich, dass die **Ökonomie des Patriarchats** nichts anderes ist als **Raubbau**:

- Raubbau an der Mutter
- Raubbau an der Natur
- Raubbau an Mutter Natur

Da die Natur evolutionsbiologisch und mutterkörperbiologisch die Mütter ins Zentrum der Menschenart gesetzt hat, beruht die Ökonomie des Patriarchats erstens auf dem Raubbau an den Körpermüttern, und zwar den **Menschenmüttern** und den **Tiermüttern** und zweitens auf dem Raubbau an der mütterlichen Natur insgesamt, denn nicht zufällig sprechen wir bis heute noch von **Mutter Erde** oder **Mutter Natur.**

Diesen natürlichen Gegebenheiten auf der Erde steht eine heute scheinbar fest etablierte, patriarchal-symbolische, künstliche naturabgetrennt-logosbasierte, wie Claudia von Werlhof es nennt, alchemistische **Weltkonstruktion** entgegen, (Werlhof von, Claudia: West-End – Das Scheitern der Moderne als Kapitalistisches Patriarchat und die Logik der Alternativen, 2001, S. 106-129), die sowohl bei griechischen Philosophen wie Aristoteles, Platon oder Sokrates, aber auch zeitgleich in Ostasien bei Konfuzius zu finden ist und von allen Welttheologien als Wertebasis unserer heutigen globalisierten Gesellschaft gott-autoritär verstärkt und internalisiert wird und durch imperialistische Kolonisation der gesamten Welt mit Gewalt aufgezwungen wurde.

Ina Praetorius hat in ihrem Essay „Wirtschaft ist Care" diese von ideologischen Patriarchen und von der Natur abgetrennte, inzwischen globalisierte, patriarchale Männerfiktion in folgenden Kernaussagen zusammengefasst:

- *„Es gibt zwei Sorten von Menschen, freie und unfreie, und es gibt zwei Geschlechter, Männer und Frauen.*
- *Männer sind wichtiger, klüger, stärker und freier als Frauen.*
- *Der Maßstab, an dem sich die Definition des Menschlichen misst, ist der einheimische erwachsene Mann.*

- *Es gibt Menschen – Ehefrauen, Kinder, Sklavinnen und Sklaven – die sich legitimer Weise im Besitz anderer Menschen – Herren, Herrinnen – befinden.*
- *Dass es in diesem Sinne freie und abhängige Menschen gibt, entspricht dem natürlichen beziehungsweise göttlichen Gesetz (logos) und ist somit unabänderlich".*

(Praetorius, Ina; Wirtschaft ist Care oder: Die Wiederentdeckung des Selbstverständlichen", Heinrich-Böll-Stiftung: Schriften zu Wirtschaft + Soziales, Band 16, 2015, S. 13).

Damit sind die Frauen als Ehefrauen auf der Ebene von Sklavinnen und das ist ja der Sinn der Paarungsfamilien-Ehe: **Müttersklavinnen** zu schaffen, um als patriarchaler Mann einerseits von der eigentlichen Arbeit, der um den Körper herum situierten Arbeit, frei zu werden und gleichzeitig durch die Degradierung von Müttern als Sklavinnen **väterliche Zugangsrechte** zu erwirken auf die Früchte ihrer Körperarbeit, der Arbeit, welche ausschließlich ihr **Mutterkörper** fähig ist zu leisten, in einem biologisch perfekt abgestimmten Zusammenspiel aus ihrer **körpereigenen Physiologie**, ihrer **Vulva**, ihrer **Vagina**, ihren **Eierstöcken**, ihrer **Gebärmutter**, ihrer **Eizelle**, dem **Zytoplasma** ihrer **Eizelle**, den **Zellorganellen** im **Zytoplasma** ihrer **Eizelle**, den **Genen** im **Zellkern** dieser **Eizelle**, aber auch von den **Genen** in den **maternalen Mitochondrien** im **Zytoplasma** dieser **Eizelle**, der so genannten **mitochondrialen**

DNA, anhand derer sich eine durchgehende **matrilineare Genealogie** bis zu unserer ältesten Ahnin in
Afrika aufstellen lässt, welche die Mutter aller Afri-
kanerInnen und damit die Mutter aller heutigen auf
der Erde lebenden Menschen ist. GenetikerInnen,
wie Bryan Sykes, nennen diese genealogische Urmut-
ter aller Menschen die **mitochondriale Eva**. (Sykes,
Bryan; Die sieben Töchter Evas – Warum wir alle von
sieben Frauen abstammen – revolutionäre Erkenntnisse der Gen-Forschung, 2003, S. 304).

Diese einzigartige **Mutterkörperarbeit** der Lebensentstehung wird durch das Patriarchat nicht nur
durch männerzentriert-biologistische und eindeutig
falsche, sogenannte wissenschaftliche aber tatsächlich bewusst irreführende Fortpflanzungsideologien
unsichtbar gemacht. (Mehr dazu in: Armbruster,
Kirsten: Von mutterbiologischen Tatsachen und
männlichem „Samen“ – Wie das Patriarchat Mütter
zu passiven Gefäßen degradiert“ www.kirstenarm-
bruster.wordpress.com vom 08.02.2018), sondern
ebenso durch unsere Theologien, wird doch in patri-
archal-monotheistischer Tradition, welche alle die
fünf Bücher Mose anerkennen, behauptet, dass Gott
der HERR bestimmt hat, dass eben diese **Eva** aus der
Rippe Adams, dem angeblichen Erdling stammt,
was nichts anderes bedeutet, als dass die mütterliche
Körperarbeit negiert wird, nicht stattfindet, zur Un-
sichtbarkeit verdammt wird. Absolut lächerlich diese
Vorstellung und dennoch ist dies die theologische
Basis von Okzident und Orient.

Dazu passt, dass Papst Benedikt I. im Jahr 2006 in seiner Vorlesung über Glaube Vernunft und Universität auf den tiefen Einklang hinweist zwischen dem, was im besten Sinne griechisch ist und dem auf der Bibel gegründetem Gottesglauben. (Praetorius, Ina; Wirtschaft ist Care oder: Die Wiederentdeckung des Selbstverständlichen", Heinrich-Böll-Stiftung: Schriften zu Wirtschaft + Soziales, Band 16, 2016, S. 16).

Der Gott welcher die Frau durch den muthos, das in der Öffentlichkeit gesprochene Wort, jeder sichtbaren Vernunft zum Trotz, aus der Rippe des Mannes schafft, verfügt dann ja auch, dass der Mensch, gemeint ist natürlich der Mann, sich die **Erde untertan machen soll**. Da der patriarchale Mann gelernt hat, zu **gehorchen**, seinem **HERRN**, tut er das bis heute in einem apokalyptischen Ausmaß. Er, der patriarchale Mann stammt schließlich vom **Hirten** ab. Er ist gewohnt **gezüchtigt** und **eingefangen** zu werden mit der **Geißel** des Hirten und dessen **Krummstab** und er ist ja über die vielen Generationen auch **gezüchtet** worden auf dieses **toxisch-patriarchale Männerbild des HERRN**, das nicht weinen darf, nicht einmal im Angesicht des unglaublichen Ausmaßes an Zerstörung, das dieses ideologische **Patriarchatskonglomerat** inzwischen angerichtet hat in dieser schönen Welt.

Dieses **Patriarchatskonglomerat** fußt auf der Versklavung der Mütter, der Menschenmütter und der Tiermütter und auf der Versklavung der Erde, indem es die Mutter unsichtbar macht: Unsichtbar in ihrer

Körperlichkeit, unsichtbar in der Menschheitsgeschichte, unsichtbar als Gott MUTTER und Ursprung von Religion und auch unsichtbar in ihrer Arbeit und ihrem elementaren Beitrag zur Ökonomie, denn nicht nur die Arbeitsleistung von Müttern in der Fürsorgearbeit wird durch Totschweigen im **Bruttoinlandsprodukt (BIP)** unsichtbar gemacht, sondern auch die ökonomische Leistung der Erde selbst.

Katrine Marçals schreibt in ihrem Buch „Machonomics" (2016) dazu:

„Eines der zahlreichen Probleme des Patriarchats liegt darin begründet, dass es zu inkorrekten ökonomischen Messungen führt ... Gesetzt den Fall, man möchte sich einen realistischen Überblick über den Markt verschaffen, kann man beispielsweise nicht außer Acht lassen, was die Hälfte der Menschheit tagtäglich treibt". (ebenda, S. 168).

Die **Hälfte der Menschheit**, das sind diese **Frauen**, welche im linken politischen Spektrum zum „**Nebenwiderspruch**" degradiert werden und in politisch konservativen und rechten Kreisen **im Privaten** verbleiben sollen. Nur, dass Ökonomie und Arbeit eben nicht männlich sind, wie Marx mit seinem ausschließlichen Blick auf Produktion schieflagig fehlinterpretierte.

Tatsächlich ist **das Private** der vom patriarchalen Mann markierte **Raum des Raubes**, wenn frau die wahre Bedeutung des Begriffs **privare** als **rauben** wieder rückinternalisiert hat und damit versteht, dass das Haus und die Arbeit, die in diesem Haus stattfindet, patriarchatsdefiniert der **Ort der Sklavinnen** ist, weshalb Männer natürlich **keine Hausarbeit** machen können und Frauen und Kinder nicht zufällig in diesem Haus des Raubes besonderer Gewalt ausgesetzt sind, so, dass auch hierfür ein Begriff geschaffen werden musste, nämlich: „**Häusliche Gewalt**". Das Haus der patriarchalen Paarungsfamilie ist der gefährlichste Ort für Frauen und Kinder. Das Haus ist patriarchatsgewollt der Raum in welcher die Versklavung der Frau stattfindet, der Raum, der **außerhalb der Politeia**, außerhalb des öffentlichen Raums liegt, welcher dem Mann vorbehalten ist, weshalb die Politik auch keinerlei Anstalten macht, die Arbeit, die in diesen Häusern geleistet wird, weder ideell, geschweige denn monetär zu erwähnen, noch zu würdigen.

Eine der wenigen Veröffentlichungen über diese große **Arbeitsleistung von Müttern** in unserer Gesellschaft, die in der **Politeia**, kaum ins **öffentliche Bewusstsein** gerückt wird, wurde von Christian Leipert und Michael Opielka in ihrem Beitrag „Erziehungsgehalt 2000" vorgestellt. Hier können wir nachlesen:

„Bilden wir ein um die unbezahlte Haushaltsproduktion erweitertes Bruttoinlandsprodukt, entfällt auf die Haushaltsproduktion je nach Berechnung des Stundenlohns ein Anteil zwischen 29-47 % des Bruttoin-

landprodukts. Rund zwei Drittel der unbezahlten Arbeit wird in unserer Gesellschaft von Frauen geleistet. In der Statistik ist diese Leistung jedoch bisher unsichtbar". (Leipert, Christian; Opielka Michael: Erziehungsgehalt 2000, 1998, bereits zitiert in Armbruster, Kirsten: Starke Mütter verändern die Welt, 2007, S. 135).
Katrine Marçals nennt in ihrem Buch „Machonomics" Zahlen aus Kanada, welche den Anteil an unbezahlter Arbeit zwischen 30,6 und 40, 1 Prozent beziffern, wenn diese Arbeit ins BIP mit eingerechnet werden würde. (Marçals, Katrine; 2016, S. 62). Wird sie aber nicht-der Politeia sei Dank!

Die Zeitung „DIE WELT" nennt für Deutschland neuere Zahlen. Tobias Kaiser schreibt dort in seinem Beitrag „**Hausarbeit von Frauen mehr als eine Billion Euro wert**" vom 13.05.2017:
„Die häusliche Arbeit von Frauen leistet einen beträchtlichen Beitrag zur Wertschöpfung in Deutschland. So haben laut Berechnungen der WELT AM SONNTAG Frauen im Jahr 2013 knapp 54 Milliarden Stunden unbezahlt gearbeitet. Zwar tauchen diese Stunden in der offiziellen Statistik nicht auf, doch würde ihre Arbeit regulär entlohnt, würden dafür Bruttolöhne von mehr als einer Billion Euro fällig. Zum Vergleich: Die gesamte in der offiziellen volkswirtschaftlichen Gesamtrechnung erfasste Wirtschaftsleistung Deutschlands lag 2013 bei 2,54 Billionen Euro. Die Berechnung beruht auf einer Untersuchung des Statistischen Bundesamtes"... (Kaiser, Tobias: DIE WELT, 13.05.2017).

Allen diesen Statistiken ist gemein, dass sie eine hohe **Arbeitsleistung von Frauen**, genauer gesagt von **Müttern** bestätigen, was Lisa-Marie Eckart, eine offensichtlich brav-patriarchal gezüchtete Autorin bei SPIEGEL ONLINE nicht darin hindert am 27.06.2018 einen Artikel zu schreiben mit der patriarchatskonformen Mütterbashing-Überschrift:

„Wenn die Mutter nicht arbeitet, bleibt das Kind arm".

Ohne patriarchale Gehirnwäsche hätte sie schreiben müssen:

„Wenn die Arbeit von Müttern nicht bezahlt wird, bleibt das Kind arm".

Denn tatsächlich kommt ja zu der eigentlich „**Eine Billion Werten Hausarbeit von Frauen**" noch ein beträchtlicher Wert an **bezahlter Arbeit** hinzu, welche von Frauen und eben auch von Müttern geleistet wird, denn nach der OECD Studie vom 20.2.2017 sind in Deutschland 70 Prozent der Mütter zusätzlich erwerbstätig, 30 Prozent der Mütter arbeiten sogar Vollzeit, fast 40 Prozent in Teilzeit und die durchschnittliche Wochenerwerbsarbeit von Müttern beträgt 20 Stunden. Die frauendiskriminierende Lohnlücke in Deutschland beträgt zudem 21 Prozent, auch deshalb, weil dringend benötigte **Berufsfürsorgearbeit** in Berufen wie ErzieherInnen, KrankenpflegerInnen und AltenpflegerInnen trotz einer hohen

Marktnachfrage, nicht nur miserabel bezahlt werden, sondern auch unter besonders ausbeuterischen Bedingungen stattfindet. (siehe hierzu auch: Winker, Gabriele; CARE REVOLUTION – Schritte in eine solidarische Gesellschaft", 2015).

Dass die vom **Neoliberalismus** als Ökonomie-Götzen angebetete **Markteffizienzhypothese** gerade auch in diesem Bereich nicht funktioniert, denn sonst müsste ja eine stark gestiegene Nachfrage stark steigende Preise zur Folge haben, was aber ganz offensichtlich nicht der Fall ist, zeigt einmal mehr die Absurdität der **patriarchalen Mann-Ökonomietheorien**.

Diese patriarchalen Ökonomietheorien funktionieren deshalb nicht, weil sie an der Bedürftigkeit und der Abhängigkeit und letztendlich der **Körperlichkeit der Menschenart** vorbeigehen. Das bedeutet, dass alle diese ökonomischen patriarchalen Manntheorien **realitätsfern** sind. Sie sind nicht fähig, die Wirklichkeit zu erfassen. Deshalb produzieren sie auch eine **Vaterblase** nach der anderen. Finanzblasen, Bankenblasen, Immobilienblasen, Kriegsblasen. Allen diesen Vaterblasen ist gemein, dass sie vom Leben entfremdet und damit tief zerstörerisch sind.

Katrine Marçals analysiert treffend:

„Um wirtschaftlich florieren zu können, braucht eine Gesellschaft Menschen, Kompetenzen und Vertrauen.

Das sind genau die Ressourcen, die vor allem durch un-bezahlte Hausarbeit hervorgebracht werden. Glückliche und gesunde Kinder sind die Grundvoraussetzung für jede positive Entwicklung – auch die ökonomische. Der ökonomische Mann hingegen hat weder Kindheit noch Kontext. Er schießt aus der Erde wie ein Pilz. Und wenn die Theorie annimmt, dass wir alle sind wie er, bleibt ein beträchtlicher Teil der Ökonomie unsichtbar. In der Praxis ist der ökonomische Mann eine Möglichkeit, Frauen auszusperren". (Marçals, Katrine, 2016, S. 63).

Zwei Kapitel weiter bringt Marçals das Problem des patriarchal-ökonomischen Mannes noch einmal auf den Punkt. Sie schreibt:

„Die tatsächliche Selbstwahrnehmung der Menschen hat keinen Platz in der heutigen Ökonomie. Die Theorien stützen sich lieber auf eine fiktive Figur, deren markanteste Charakteristik darin besteht, dass sie keine Frau ist". (ebenda, S. 180).

Und der Feminismus begnügt sich damit, dafür zu kämpfen die Frauen in ein nicht funktionierendes, zerstörerisches System hineinzutreiben, anstatt das System des Patriarchats von seinen Grundfesten her zu hinterfragen und dessen lebens-, natur- und körperverachtende Strukturen zu entlarven.

Katrine Marçals ergänzt:

„Die Frau soll ihren Wert auf einem Arbeitsmarkt unter Beweis stellen, der sich noch immer vorwiegend auf den Bedürfnissen des Mannes gründet. Sie soll sich in Kategorien behaupten, die von und für Männer geschaffen wurden – auf Basis einer Wirklichkeit, die Frauen aussperrt". (ebenda, S. 63).

Einsperren ins Private, den **Raum des Raubes** und **ausschließen aus dem Raum der Politeia**, der **Öffentlichkeit**, in dem Mann-Gott-Theologien und Mann-Ökonomie die ideologischen Rahmenbedingungen diktieren, in denen Gesellschaft stattzufinden hat, ist in der ideologischen Logosweltkonstruktion des Patriarchats ein und dasselbe. Es sind die zwei Seiten derselben Medaille und die Medaille, die glänzt in verführerischem Gold, ist nichts anderes als das Patriarchat, eine männerideologische Welt, in der Frauen und Kinder nur als Statisten vorgesehen und abgeschnitten sind von dem **Gold**, dem **Geld**, ohne die eine Existenz in einer **privatisierten kapitalistischen Männerbesitz-Gesellschaft** nicht möglich ist. Tatsächlich besitzen Frauen, ubiquitär gesehen, auch heute noch nur **1 Prozent dieses Männerbesitzkapitals**, was nicht an den schlechten Leistungen der Frauen liegt, sondern am **ideologischen Patriarchatskonglomerat**.

Tatsächlich wird in der nicht aufgehenden Rechnung der **patriarchalen Mann-Gott-Ökonomie** aber nicht nur die Frau, insbesondere als Mutter ausgesperrt, sondern auch die **Natur** selbst, denn jedes ökonomische Handeln ist angewiesen auf die Natur.

Harald Lesch und Klaus Kamphausen haben die Leistungen der Natur in ihrem Buch „Die Menschheit schafft sich ab – Die Erde im Griff des Anthropozän" von 2018 aufgeführt und den von dem amerikanischen Professor für ökologische Ökonomie Robert Constanza bereits 1997 berechneten Wert für „Wasser, fruchtbare Böden, Ozeane voller Fisch, Lebensräume für Millionen von Tier- und Pflanzenarten, Nahrung, Rohstoffe, die Regulierung natürlicher Kreisläufe und nicht zuletzt den Erholungswert und die Schönheit der Natur" aufgeführt. Dieser beläuft sich auf **33 Billionen Dollar jährlich**, während die Summe der weltweiten Bruttoinlandsprodukte in diesem Jahr lediglich bei **18 Billionen Dollar** lag". (Lesch, Harald, Kamphausen, Klaus Die Menschheit schafft sich ab – Die Erde im Griff des Anthropozän, 2018, S. 241).

Die **patriarchale Wissenschaft der Ökonomie** ist offenbar nicht in der Lage, realitätsbezogen und damit wissenschaftlich zu arbeiten. Ihre Modelle sind nicht nur lebensuntauglich, sondern ganz offensichtlich verfügen sie auch nicht über die Grundkenntnisse der Mathematik. Sie berücksichtigen weder die weltweit geleistete gesellschaftliche Arbeit von Müttern und ihren wesentlichen Beitrag zur Weltökonomie, noch die Ökonomie der Natur selbst. Dieser Mütter-Raubbau, diese Mütterversklavung, die der Menschenmütter, die von Mutter Natur, aber auch der gnadenlose Raubbau an den Tiermüttern in einer

skandalös-würdelosen Massentierhaltung der heutigen unökologischen Land-Wirtschaft ist ein **global-
ökonomischer Skandal**.

Literaturverzeichnis:
Armbruster, Kirsten: Die Evolution frisst keine Kinder – eine
anthropologische Revision vom 18.01.2018 www.kirstenarm-
bruster.wordpress.com
Armbruster, Kirsten. Von mutterbiologischen Tatsachen und
männlichem „Samen" – Wie das Patriarchat Mütter zu passiven
Gefäßen degradiert vom 08.02.2018 kirstenarmbruster.word-
press.com
Armbruster, Kirsten: Starke Mütter verändern die Welt – Was
schiefläuft und wie wir Gutes Leben für alle erreichen, 2007
Eckart, Lisa-Marie: SPIEGEL ONLINE: Wenn die Mutter nicht ar-
beitet, bleibt das Kind arm: 27.06.2018
Kaiser, Tobias: DIE WELT: Hausarbeit von Frauen mehr als eine
Billion Euro wert: 13.05.2017
Lesch, Harald; Kamphausen, Klaus: Die Menschheit schafft sich
ab – Die Erde im Griff des Anthropozän, 2018
Marçals, Katrine: MACHONOMICS – Die Ökonomie und Frauen;
2016
Praetorius, Ina: Wirtschaft ist Care oder: Die Wiederentdeckung
des Selbstverständlichen", Heinrich-Böll-Stiftung: Schriften zu
Wirtschaft + Soziales, Band 16, 2015
Sykes, Bryan: Die sieben Töchter Evas – Warum wir alle von sie-
ben Frauen abstammen – revolutionäre Erkenntnisse der Gen-
Forschung; 2003
Werlhof von, Claudia: West-End – Das Scheitern der Moderne
als Kapitalistisches Patriarchat und die Logik der Alternativen,
2001
Winker, Gabriele: CARE REVOLUTION: Schritte in eine Solidarische Gesellschaft; 2015

Weiterführende Literatur:
Eisler, Riane: The Real Wealth of Nations – Creating a Caring
Economics; 2007, 2008
Felber, Christian: Gemeinwohlökonomie, 2014

Helfrich, Silke, Bollier, David, Heinrich-Böll-Stiftung (Hg.): Die Welt der COMMONS – Muster Gemeinsamen Handelns; 2015

Mies, Maria: Patriarchat und Kapital: Frauen in der internationalen Arbeitsteilung, 1996

Mies, Maria: Krieg ohne Grenzen – die neue Kolonisierung der Welt, 2005

Mies, Maria; Shiva Vandana: Ökofeminismus: Die Befreiung der Frauen, der Natur und unterdrückter Völker – Eine neue Welt wird geboren, 2016

Ostrom; Elinor: Was mehr wird, wenn wir teilen – Vom gesellschaftlichen Wert der Gemeingüter, 2012

Scheidler, Fabian: Das Ende der MEGA MASCHINE: Geschichte einer scheiternden Zivilisation, 2016

Tazi-Preve, Mariam Irene: Das Versagen der Kleinfamilie – Kapitalismus, Liebe und Staat, 2017

Von Werlhof Claudia, Bennholdt-Thomsen, Faraclas, Nicholas (Hg.): Subsistenz und Widerstand, 2003

Weltweite Mütterarmut, denn Privat-Einkommen (PE) ist Patriarchats-Einkommen (PE) ist Penis-Einkommen (PE)

Mütterarmut weltweit

Bereits 1980 veröffentlichte die UNO folgende Zahlen zur Frauenarmut:

„Frauen stellen die Hälfte der Weltbevölkerung dar, verrichten nahezu zwei Drittel der Arbeitsstunden, erhalten ein Zehntel des Welteinkommens und besitzen weniger als ein Hundertstel des Weltvermögens". (United Nations Report, 1980).

Dreißig Jahre später hören sich die Zahlen nicht besser an. Die Konrad-Adenauer-Stiftung schreibt 2008:

„Noch immer sind 70 Prozent der Armen weltweit weiblich, und gleichzeitig werden noch über 70 Prozent der unbezahlten Arbeit von Frauen verrichtet. Sie produzieren bis zu 80 Prozent der Grundnahrungsmittel in Entwicklungsländern, besitzen aber nur zehn Prozent der Anbauflächen. Zwei Drittel aller Analphabeten sind Frauen, insbesondere in Afrika und Südasien. Gewalt gegen Frauen ist weit verbreitet. In zehn Ländern der Welt sind Frauen im Parlament gar nicht vertreten, und in 50 Ländern liegt der Anteil von

Frauen in nationalen Parlamenten unter zehn Prozent". (Konrad-Adenauer-Stiftung, 2008).

Hamidon Ali, der Präsident des Wirtschafts- und Sozialrates ECOSOC, wies 2010 daraufhin, dass zwei Drittel der Arbeit auf der Welt von Frauen erledigt und die Hälfte der Lebensmittel von Frauen produziert wird.

„Dennoch verdienen sie nur zehn Prozent des weltweiten Einkommens und besitzen nur ein Prozent des Eigentums. Fast zwei Drittel der Armen auf der Welt sind Frauen und sie sind überdurchschnittlich oft arbeitslos. Zudem seien sie in vielen Ländern von der Mitbestimmung ausgeschlossen". (www.welt.de: Frauen erledigen zwei Drittel der Arbeit weltweit; 25.06.2010).

Katrine Marçal schreibt in ihrem Buch Machonomics:

„Die Hälfte der Weltbevölkerung lebt von weniger als zwei Dollar am Tag. Die meisten von ihnen sind Frauen. Armut hat sich zu einer Frauenfrage entwickelt. Millionen Frauen führt die Hoffnung auf ein besseres Leben in andere Länder, weit entfernt von ihren Kindern – entweder um gegen Bezahlung die Kinder anderer zu lieben oder um sich als Putzfrau, Kellnerin, Fabrik-, Land- oder Sexarbeiterin zu verdingen, auf der Schattenseite der Weltwirtschaft". (Marçal, Katrine: Machonomics, 2016, S. 50).

Was bedeutet die Schattenseite der Weltwirtschaft denn im konkreten körperlichen Leben? Auch hier stellt Katrine Marçal die richtigen Fragen, denn:

„Wer hält den Haushalt der Haushälterin in Ordnung? Wer kümmert sich um die Tochter des Kindermädchens? (ebenda, S. 58).

Diese Fragen werden nicht beantwortet von einer patriarchalen, ausschließlich am Mann orientierten Ökonomie. Sie werden ausgeblendet, denn Fürsorgearbeit soll unsichtbar bleiben. Das ist das Dogma der Patriarchalen Ökonomie, welche das Privat-Einkommen (PE), als Ergebnis des Raubes an das Vorhandensein eines Penis geknüpft hat.

Katrine Marçal schreibt über das Leben der Haushälterinnen:

„Das Leben dieser Frauen besteht aus langen Arbeitstagen und niedrigen Löhnen. Hausarbeit ist mühsam, isoliert und ungeregelt. Sie leben oft dort, wo sie arbeiten – im Haus anderer Leute". (ebenda; S. 59).

Und die Autorin konkretisiert:

„In den USA beträgt die durchschnittliche Arbeitszeit für Hausangestellte vierzehn Stunden. Laut einer Studie der Human Rights Watch ist es vielen verboten, das Haus ohne Erlaubnis zu verlassen. Verbale, körperliche und/oder sexuelle Übergriffe sind an der Tages-

ordnung. Zu einer Anzeige kommt es aber in den seltensten Fällen. Oft hat sie keine Aufenthaltserlaubnis und Angst vor der Abschiebung. Sie lebt in ständiger Sorge. Vor allem um ihre Kinder, die auf der anderen Seite des Planeten leben". (ebenda, S. 59).

Auch in anderen Ländern sieht die Ausbeutungssituation von Haushälterinnen nicht besser aus.

In Deutschland leben zum Beispiel viele Altenpflegekräfte aus Osteuropa mit in der Wohnung. Merle Schmalenbach hat über deren Situation recherchiert:

„In Deutschland gibt es immer noch Dienstmägde: 24 Stunden sind die Frauen im Einsatz, ständig auf Abruf: Sie leben in winzigen Zimmern, haben kaum Freizeit, müssen schwer heben, arbeiten für viel zu wenig Geld. Osteuropäische Pflegekräfte gehören zum neuen Prekariat – und ihre Zahl steigt. Experten schätzen, dass es zwischen 100.000 und 300.000 sind... Die Ausbildung der Frauen ist oft miserabel. Sie sprechen nur schlecht Deutsch. Sind kaum auf die große mentale und körperliche Belastung vorbereitet, die sie in Deutschland erwartet. Manche werden mit falschen Versprechungen hierher gelockt... In extremen Fällen erleben sie Rassismus, Misshandlung und sexuelle Übergriffe. Kritiker sprechen von Pflegesklavinnen". (Schmalenbach, Merle: „Dienstmägde für Deutschland": ZEIT ONLINE: 15.06.2017).

Christoph Sydow berichtet, dass Menschenrechts-
gruppen das sogenannte Kafala-Ausbeutungs-Sys-
tem philippinischer Haushälterinnen in Kuweit
ebenfalls mit **Sklaverei** vergleichen. (Sydow, Christian: Das schöne Gesicht der Ausbeutung: SPIEGEL
ONLINE: 24.07.2018).

In dem Begriff **Sklaverei** treten tatsächlich die Schat-
tenseiten der patriarchal-männergott-ökonomi-
schen Weltwirtschaft ans Licht. Es wird erstens
sichtbar, dass viele dieser Frauen, die sich unter prekären Bedingungen, oft weit entfernt von ihren eigenen Kindern verdingen müssen, **Mütter** sind, die das
machen müssen, um das Überleben ihrer Kinder zu
sichern. Und es wird zweitens sichtbar, dass diese
prekäre Arbeit im Raum des Raubes stattfindet,
Frauen respektive Mütter also als Sklavinnen des
patriarchalen Systems fungieren. Mütter als Sklavinnen der Peniswirtschaft des Patriarchats, nicht nur
im **Haushalt**, sondern auch in der **Pflege**, in den **Fabriken** und **Plantagen**, oder aber als **Prostituierte**
und neuerdings als „**Surrogatmütter**“, wie **kommerzielle Leihmütter** im patriarchalen Fachjargon
genannt werden. Die Bezeichnung „Surrogatmütter“
für kommerzielle Leihmütter bringt es ebenso auf
den Punkt, wie der Begriff Sklaverei, denn Surrogat
heißt: Ersatzmittel, Ersatzstoff, Ersatz für einen Gegenstand. Der Körper der Frau wird verdinglicht. Er
wird zu einem Gegenstand entwürdigt, zu einem
Handelsprodukt.

Tatsächlich findet in der **Prostitutions- und der kommerziellen Leihmutterschaftsindustrie** ein **Frauenkörperhandel** und häufig ein **Mädchenkörperhandel** statt, der nur der vom Patriarchat gezüchteten **weltweiten Mütterarmut** geschuldet ist, denn keine Mutter würde ohne riesige Not sich selbst oder eine ihrer Töchter der **Körperausbeutungstortur** aussetzen, damit patriarchal-pervertierte Penisse dieser Welt die zarten Brüste, Vulven und Vaginas, und die Gebärmütter ihrer Töchter missbrauchen, verletzen, misshandeln und als Zuhälter weiteres Penis-Privat-Einkommen (PE) akkumulieren können. Und keine Mutter mit ausreichendem **Mütter-Einkommen - ME statt PE** – würde ihre Tochter in die Sklavenfabriken der Textilindustrie zum Beispiel in Bangladesch schicken, „wo meist junge Frauen unter unmenschlichen und gefährlichen Arbeitsbedingungen und für Hungerlöhne billige Kleidung für den Europäischen oder US-Markt herstellen", wie Maria Mies und Vandana Shiva in ihrem gemeinsamen Buch „Ökofeminismus" (2016) schreiben. Maria Mies konkretisiert in ihrem Beitrag über die Lebenslüge der Industriegesellschaft auch die **Sklavinnenzustände** in diesen **Textilfabriken**. Sie schreibt:

„Inzwischen ist auch überall bekannt, dass es in solchen Fabriken immer wieder zu großen Katastrophen wie Bränden oder den Zusammensturz von Gebäuden kommt, bei denen Tausende von Menschen, vor allem Frauen ums Leben kommen oder lebenslänglich behin-

dert werden". (Mies, Maria, Shiva, Vandana: Ökofeminismus; Die Befreiung der Frauen, der Natur und unterdrückter Völker; Eine neue Welt wird geboren; 2016, S. 72).

Die emeritierte Professorin für Soziologie an der Fachhochschule Köln beschreibt die Lebensumstände von Menschen, welche sich in diesen Fabriken verdinglichen müssen, näher:

„Drei Viertel davon sind Frauen, die in die Stadt gekommen sind, weil die Einkommen auf dem Land nicht mehr zum Lebensunterhalt reichen. Sie arbeiten oft über 12 Stunden unter menschenunwürdigen Arbeitsbedingungen auf engem Raum. Die von der Internationalen Arbeitsorganisation (ILO) festgelegten internationalen Standards für Arbeitsbedingungen, die Codes of Conduct werden nirgendwo eingehalten. Der durchschnittliche Arbeitslohn einer Näherin beträgt 100 Euro". (ebenda, S. 72).

Interessant ist in diesem Zusammenhang auch der Blick auf die nationale Verteilung von Reichtum. Die Berghof foundation veröffentlicht unter www.frieden-fragen.de dazu aktuelle Daten der Weltbank vom 19.06.2018. Demnach liegen die 10 ärmsten Länder der Welt alle in Afrika in der Reihenfolge:

Die Rangliste der 10 ärmsten Länder der Welt:
1. Zentralafrikanische Republik
2. Liberia
3. Burundi
4. DR Kongo
5. Niger
6. Malawi
7. Mozambique
8. Togo
9. Sierra Leone
10. Madagaskar
    (Quelle Berghof foundation: 2016)

Die Berghof Foundation schreibt dazu:

„Es gibt große Unterschiede zwischen dem Reichtum der Menschen auf der Welt. Auf dem afrikanischen Kontinent liegen die 10 ärmsten Länder der Erde. Während jemand in Singapur ein Einkommen von durchschnittlich 216 US-Dollar am Tag hat, hat ein Mensch in der Zentralafrikanischen Republik täglich nur ungefähr 1,80 US-Dollar zur Verfügung. Reichtum ist hier gemessen am Bruttonationaleinkommen. Das ist der Geldbetrag, den alle Bewohner eines Landes in einem Jahr erwirtschaftet haben. Hier wurde das Bruttonationaleinkommen pro Kopf (Einwohner) unter Berücksichtigung der Kaufkraftparität angegeben. Das heißt, man vergleicht, wie viel sich eine Person von dem tatsächlichen Einkommen kaufen kann. Zum Beispiel bekommt ein Arbeiter in der Schweiz einen höheren Geldbetrag als in Katar. Der Arbeiter in Katar

kann sich aber von diesem Einkommen mehr Brot kaufen als die Person in der Schweiz." (Berghof Foundation: www.frieden-fragen.de: Stand 03.08.2018).

Interessant an diesen Zusammenstellungen ist die typische Gleichsetzung des Bruttoinlandprodukts (BIP) mit Kaufkraft. (Anmerkung: Bruttoinlandsprodukt (BIP) = Bruttonationalprodukt (BNP) =Bruttosozialprodukt (BSP)).

Tatsächlich offenbart diese Gleichsetzung des Bruttoinlandprodukts mit Kaufkraft das Negieren lebenswichtiger, vor allem von Frauen geleisteter Arbeit, denn in vielen Ländern sind Frauen und insbesondere Mütter die Trägerinnen der lebenserhaltenden **Subsistenzperspektive**, welche die Grundlage des Überlebens ist, wodurch sich ein falscher Blick auf Armut und Reichtum ergibt, der hier noch einmal verdeutlicht werden muss. Vandana Shiva schreibt dazu:

„Die ausschließliche Konzentration auf das im BSP gemessene Einkommen und den Cash flow bedeutet, dass das Gewebe des Lebens zwischen Frauen, Kindern und der Umwelt nicht mehr von zentralem, allgemeinem Interesse ist. Der Status von Frauen und Kindern und der Zustand der Umwelt haben nie als „Indikatoren" für Entwicklung gedient. Dieser Ausschluss wird durch das Unsichtbarmachen von zwei Vorgängen erreicht: Erstens werden die Beiträge der Natur, der Frauen und Kinder zum Wachstum der Marktwirtschaft vernachlässigt und verleugnet. Die vorherrschenden

Wirtschaftstheorien messen Arbeiten auf Subsistenzebene und im häuslichen Bereich keinen Wert bei. Diese Theorien schaffen es nicht, die Mehrheit der Menschen – Frauen und Kinder -, die statistisch „unsichtbar" sind, miteinzubeziehen. Zweitens geschieht die negative Auswirkung der wirtschaftlichen Entwicklung und des Wachstums auf Frauen, Kinder und Umwelt weitgehend unerkannt und unerfasst. Diese beiden Faktoren führen zur Verarmung. Zu den versteckten Kosten der zerstörerischen Entwicklung gehören die durch die ökologische Verwüstung verursachten Lasten... Ich würde sagen, dass das BSP zunehmend ein Maß dafür wird, wie wirklicher Reichtum – der Reichtum der Natur und der von Frauen geschaffene lebenserhaltende Reichtum – rasch abnimmt. Wenn die zentrale wirtschaftliche Aktivität der Warenproduktion als Entwicklung deklariert wird, zerstört sie das Potenzial von Natur und Frauen, Leben, Güter und Dienstleistungen für die Grundbedürfnisse zu produzieren... Frauen werden erstens entwertet, weil ihre Arbeit mit der Natur kooperiert, und zweitens, weil ihre Arbeit, die Bedürfnisse deckt und die Subsistenz sicherstellt, allgemein abgewertet wird." (Mies, Maria, Shiva, Vandana: Ökofeminismus; Die Befreiung der Frauen, der Natur und unterdrückter Völker; Eine neue Welt wird geboren; 2016S, 89).

Vandana Shiva schlussfolgert daraus:

„Die Wirtschaft der Natur – durch welche die Regeneration der Umwelt stattfindet – und die Subsistenz-

wirtschaft der Menschen – in welcher Frauen die Nah-rung für die Gesellschaft durch „unsichtbare" unbe-zahlte Arbeit, die „Nicht-Arbeit" genannt wird, produ-zieren – werden systematisch zerstört, um Wachstum in der Marktwirtschaft zu erzeugen". (ebenda, S. 90).

Interessant ist unter diesen Gesichtspunkten auch der Blick auf die reichsten Länder der Welt. Die Rangliste der 10 reichsten Länder der Erde (2016) ist folgende:

Die Rangliste der 10 reichsten Länder der Welt:
1. Singapur
2. Brunei
3. Kuweit
4. Arabische Emirate
5. Norwegen
6. Luxemburg
7. Schweiz
8. USA
9. Irland
10. Saudi-Arabien
(Quelle Berghof foundation: 2016)

Auffallend ist, dass unter den zehn reichsten Ländern der Welt fünf Länder zu finden sind, deren Reichtum überwiegend auf **Naturausbeutung** beruhen, denn Brunei, Kuweit, die Arabischen Emirate, Norwegen und Saudi-Arabien verdanken ihren Reichtum vor al-lem den **Öl- und Gasvorkommen**, also kostenlosen Leistungen von Mutter Natur. Länder wie Singapur, Luxemburg, die Schweiz aber auch Irland wiederum verdanken ihren Reichtum im Wesentlichen der dubiosen **Steuerschlupflöcher-Penis-Zocker-Finanzvaterblasenökonomie**, die Gewinne allesamt **Penis-Milliardären** zuschiebt, während sie **Verluste der Allgemeinheit** aufhalst. Die zehn reichsten Menschen der Welt sind deshalb auch alle **Penis-Milliardäre**. 8 von ihnen stammen aus den USA:

Die Rangliste der 10 Penis-Milliardäre der Welt:
1. Jeff Bezos, USA
2. Bill Gates, USA
3. Warren Buffet, USA
4. Bernard Arnault, Frankreich
5. Amancio Ortega, Spanien
6. Mark Zuckerberg, USA
7. Carlos Sim Helu, Mexiko
8. Larry Ellison, USA
9. Larry Page, USA

Quelle: www.vermoegenmagazin.de, 03.08.2018

Unter den 100 reichsten Menschen befinden sich ebenfalls überwiegend Männer, und unter den 1426 Milliardären dieser Welt befinden sich nur 138 Milliardärinnen, von denen viele durch ein Erbe im Klub der Superreichen gelandet sind. „Die Presse" schreibt in dem Artikel „Self-Made-Milliardärinnen: Eine wahre Rarität" vom 06.03.2013:

„Von den 138 Milliardärinnen sind viele durch ein Erbe im Klub der Superreichen gelandet. Fast immer sind in den Biographien die Wörter „Witwe", „Tochter" oder „Enkelin" zu lesen... Unter den zehn reichsten Frauen

befindet sich keine einzige, die nicht zumindest einen großen Teil ihres Vermögens geerbt hat". (Die Presse: 06.03.2013).

Die reichste Frau der Welt, die ihr Vermögen selbst „erarbeitet" hat, ist Rosalia Mera aus Spanien, die an einem Textil-Imperium beteiligt ist, zu dem unter anderem die Kette Zara gehört. Ihr Vermögen wird auf 6,1 Milliarden Dollar geschätzt. (ebenda). Im Vergleich dazu verfügt Jeff Bezos von Amazon, der aktuelle reichste Mann der Welt, über ein Vermögen von 130 Milliarden Dollar. (www.vermoegenmagazin.de).

Interessant ist, dass in diesem Vergleich China als das Land der Self-Made-Milliardärinnen gilt.

„Von acht superreichen Frauen haben sechs den Grundstein für ihr Vermögen selbst gelegt",

ergänzt „Die Presse" in ihrem oben genannten Beitrag.

Lohnenswert ist in diesem Zusammenhang auch noch mal ein weiterer Blick hinter die Kulissen Singapurs, das neben Hongkong zum stärksten Finanzmarktplatz Asiens zählt und auf der Liste der Staaten mit dem höchsten Bruttoinlandsprodukt (BIP) die erste Position einnimmt. Hinter den Kulissen des asiatischen Stadtstaats sieht es so aus, dass Singapur mit 1,2 Kindern pro Frau eine der niedrigsten Geburtenraten der Erde hat. Sophie Mühlmann schreibt in ihrem Artikel „Warum Asiens Powerfrauen in den Gebärstreik treten":

„Zahlen der Vereinten Nationen belegen, dass einige asiatische Länder – besonders die reichsten, modernsten Staaten – inzwischen die wenigsten Neugeborenen weltweit zu verbuchen haben. Wachstum und Wohlstand steigen, die Babys bleiben aus. Die sinkenden Zahlen besonders in Taiwan, Japan, Singapur, Hongkong und Südkorea bereiten den Regierungen Zukunftssorgen. „Es ist eine tickende Zeitbombe", sagt Familienplanungsexperte Mo. Es gibt immer mehr alte Leute, aber niemanden mehr, der für ihren Unterhalt bezahlt". (Mühlmann, Sophie: „Warum Asiens Powerfrauen in den Gebärstreik treten": Die WELT: 30.06.2013)

Die Gründe hierfür liegen einmal an dem exorbitanten **Stress** dieser inzwischen globalen patriarchalen, phalluswachstumsgetriebenen Ökonomie, in die Frauen einfach zusätzlich hineingestopft werden. Und der ökonomische Stress in Asien ist besonders berüchtigt. Sophie Mühlmann schreibt in ihrer Recherche:

„Von Tokio bis Taipei, von Hongkong bis Seoul – überall überfordern sich ambitionierte und gut ausgebildete Frauen, die endlich eine Chance haben, auf der Karriereleiter aufzusteigen. Morgens um sechs sitzen sie müde im brutalen Neonlicht der Vorort-U-Bahnen, das blasse, übernächtigte Gesicht bürotauglich geschminkt, den Körper im adretten Kostüm, den Coffe to

go auf dem Schoß. Und oft erst lange nach Mitternacht treten sie völlig erschöpft, den Heimweg an." (ebenda).

Und, obwohl alle rund um die Uhr bis an den Rand der Erschöpfung arbeiten, ist neben dem enormen Stress, verursacht durch die globalisierte Patriarchatsökonomie, trotzdem nicht genug Geld da, um Kinder zu bekommen. Sophie Mühlmann ergänzt ihre Analyse zur besonders niedrigen **Geburtenrate** in den **patriarchalen Hochleistungsökonomiezentren**:

„Doch es ist nicht nur der Mangel an Gelegenheit, der potenzielle asiatische Eltern von der Fortpflanzung abhält. Der richtige Zeitpunkt hat hier auch viel mit Geld zu tun. Einen Sprössling aufzuziehen, in dieser Leistungsgesellschaft, ist teuer. In Hongkong sagen wir: Du brauchst vier Millionen HK-Dollar, um ein Kind groß zu bekommen... Das sind umgerechnet 400.000 Euro – die müssen erst einmal verdient sein." (ebenda).

Hier drängen sich doch einige systemrelevante Fragen auf: Ist das das Leben der Zukunft? Ist das, das Leben, das wir leben möchten? Und ist das das Leben, das auf der Erde funktionieren wird?

Schauen wir uns dazu auch die Situation in **Deutschland** an. Deutschland ist nicht das reichste Land in der Europäischen Union. Deutschland ist aber mit seiner starken Exportwirtschaft und einem Bruttoinlandsprodukt (BIP) von 123 Prozent des durchschnittlichen EU-BIP seit Jahren die stärkste Volkswirtschaft der EU. Wie sieht in der stärksten Volkswirtschaft der EU aber das Leben von Müttern aus?

Mütterarmut in Deutschland

In der EU ist Deutschland nur das siebtreichste Land. An erster Stelle steht **Luxemburg**. Der BIP-Wert von Luxemburg liegt 267 Prozent über dem EU Durchschnitt. Das bedeutet das winzige Land Luxemburg ist doppelt so reich, wie die stärkste Volkswirtschaft der EU. Über die luxemburgische Kapitalverteilung zwischen Frauen und Männern war keine Statistik auffindbar. Geschätzt dürfte dabei aber das Privat-Einkommen (PE) bei **99 Prozent Penis-Einkommen** (PE) liegen. Klar, Frauen arbeiten ja nicht. Die Männer arbeiten in Luxemburg aber eher auch nicht, denn das Geld gehört dort zum überwiegenden Teil nicht der dort ansässigen Bevölkerung, sondern „ausländisch" Beschäftigten, die ihr Kapital dort körperentfremdet, raubbaumäßig privatakkumulierend nach Vaterblasenart großzügig steuerbefreit arbeiten lassen. Aber kommen wir zurück zur Situation von Müttern in Deutschland:

Die Studie der Bertelsmannstiftung vom 23.10.2017 weist für Deutschland – der stärksten Volkswirtschaft Europas - eine dauerhafte **Kinderarmutsquote von 21 Prozent** aus. Das wäre peinlich für ein **Mutterland**. Für **Vater Staat**, dem Statthalter des Patriarchats, offensichtlich nicht. Kein Aufschrei in der großen Politik, dem öffentlichen Raum der Politeia! Und **Kinderarmut**? Was für ein irreführender Begriff, als würden Kinder vom Himmel fallen, auf Bäumen wachsen, oder eben wie Pilze aus dem Boden schießen. Tun sie aber nicht. Und der Begriff Kinderarmut zeigt nur spiegelbildlich die Denk- und Handlungsweise des Patriarchats, das mit allen Mitteln biologisch reale Körperlichkeiten zu verschleiern sucht, nämlich die Tatsache, dass Kinder eben niemals von Vätern geboren werden, sondern immer und ausschließlich von Müttern.

Kinderarmut ist also in der Realität immer Mütterarmut!

Die mutterbiologische Körperrealität wird also nicht nur durch ökonomische Theoriemodelle, die sich alle ausschließlich am ökonomischen Gott-Mann orientieren verschleiert und unsichtbar gemacht, sondern auch durch **Vater Staat** selbst. Kein Wunder schafft der doch die **gesetzlichen** und **steuerlichen Rahmenbedingungen** für die **Paarungsfamilien-Ehe**, denn die **Ehe**, als ursprünglich rein heteronormativ fixiertes **Paarungspatriarchatsmodell** zur **Legitimation** von **Vaterschaft**, steht in Artikel 6 im deutschen Grundgesetz an **erster Stelle**. Erst nachrangig an vierter Stelle steht:

Jede Mutter hat Anspruch auf den Schutz und die Fürsorge der Gemeinschaft.

Diesem viertrangigen Satz des 6. Grundgesetzes wird Vater Staat eindeutig nicht gerecht.

Sabine Buntrock, die Vorsitzende vom Verein „Mütterarmut-ist-peinlich", schreibt auf der Website des Vereins:

„Mutterschaft mit allen Nachteilen beginnt für viele Frauen bereits in der Schwangerschaft. Arbeitgeber verzichten fast alle auf eine Neueinstellung von werdenden Müttern. Werdende Väter werden nicht diskriminiert. Im Gegenteil, einem werdenden Vater wird gewachsenes Verantwortungsbewusstsein unterstellt. Zusammengefasst gilt für die freie Wirtschaft tendenziell: Mutterschaft benachteiligt oder beendet Karrieren, Vaterschaft befördert Karrieren.... Breite Teile der Gesellschaft schüren Vorurteile gegen Mütter im Beruf zusätzlich. Müttern werden hohe Ausfallrisiken unterstellt. Deswegen kommen sie nicht nur für Führungsaufgaben seltener in Betracht. Als Folge verdienen Mütter in jungen Jahren oft viel weniger als nicht besser qualifizierte Väter. Sind die Kinder groß, ist eine Frau in ihren besten Jahren angeblich alt. Fast immer auch - im Gegensatz zu Männern - zu alt, um noch eine echte Karriere anzustreben. Paradoxerweise gilt für deutlich früher versterbende Männer fast immer Gegenteiliges. Der Vater von 50 oder 60 Jahren ist häufig der ideale Kandidat für bestdotierte Führungspositionen. Er strahlt Kompetenz mit grauem Haar und Wohlstandsleib aus... Wer die besondere, politisch sehr ignorierte Benachteiligung der Mütter noch immer nicht wahrnehmen kann oder will, der informiert sich

bitte einmal mit diversen Statistiken. Armut ist weiblich! **Mutterschaft ist das größte Armutsrisiko für Frauen aller Altersgruppen.** *Dies belegen alle Statistiken.... Es wird Zeit, dass die Benachteiligungen von Müttern und speziell Mütterarmut thematisiert und abgebaut werden."* *(www.muetterarmut-ist-peinlich.de).*

Beschäftigen wir uns weiter mit der Bertelsmannsstudie von 2017, dann gelten als besonders armutsgefährdet:

*„**Kinder alleinerziehender Eltern***, Kinder mit mindestens zwei Geschwistern und Kinder mit geringqualifizierten Eltern". (Bertelsmannstudie, 2017).*

An erster Stelle stehen hier: **Kinder alleinerziehender Eltern**. Auch diese Formulierung führt in die Irre, denn auch sie verschleiert bewusst die **Körperrealitäten** und damit die **gesellschaftlichen Realitäten**. Tatsächlich dient diese Formulierung ebenfalls nur dazu, **Mütter unsichtbar** zu machen. Im wahren Leben sind nämlich **90 Prozent** der alleinerziehenden Eltern **alleinerziehende Mütter**. Im Familienreport von 2017 des Bundesministeriums für Familie, Senioren, Frauen und Jugend können wir lesen:

*„2016 gab es **1,6 Millionen Alleinerziehende**, davon waren **1,4 Millionen alleinerziehende Mütter** und **182.000 alleinerziehende Väter**. Damit sind **neun***

von zehn Alleinerziehenden weiblich". (*Familienre-port des Bundesministeriums für Familie, Senioren, Frauen und Jugend – Leistungen, Wirkungen, Trends, 2017).*

Neun von zehn Alleinerziehenden sind nicht einfach nur „weiblich" als Gegenüber von „männlich". Nein, sie sind **Mütter** und Mütter sind kein Gegenüber von Vätern, weil der Körper der Mutter in realiter **99 % der Körperarbeit** leistet, damit Menschen überhaupt existieren.

SPIEGEL ONLINE schrieb schon 2012:

„Fast jede fünfte Mutter ist alleinerziehend... Insgesamt lebten 2010 nach dem Ergebnis des Mikrozensus etwa acht Millionen Mütter mit mindestens einem minderjährigen Kind in einem Haushalt... Mehr als 80 Prozent der Mütter versorgten 2010 ein oder zwei Kinder. Zwölf Prozent betreuten drei; drei vier und weniger als ein Prozent fünf oder mehr Kinder". (SPIEGEL ONLINE: Fast jede fünfte Mutter ist Alleinerziehende: 11.5.2012).

Kristina Maroldt stellt 2017 in der BRIGITTE fest, dass sich seit 2008 die Situation alleinerziehender Mütter durch das neue Unterhaltsrecht verschärft hat. Sie schreibt:

„Das 2008 geänderte Unterhaltsrecht etwa zwingt Alleinerziehende quasi, ab dem dritten Geburtstag des Kindes einen Ganztagsjob anzunehmen, selbst wenn

sie mehrere Kinder großziehen. Der Alltag wird so zum erschöpfenden Hamsterrad". (Maroldt, Kristina: BRI-GITTE: 20/2017).

Die Autorin ergänzt:

„Dazu kommt: Noch immer zahlt nur jeder zweite Ex-Partner Unterhalt für die Kinder, nur jeder vierte den Betrag, der gesetzlich vorgeschrieben ist. Statt Alleinerziehende für ihren überdurchschnittlichen Einsatz zu belohnen, besteuert der Staat sie fast so hoch wie Singles". (ebenda).

Die OECD Studie von 2009 stellte hierzu fest, dass Deutschland im internationalen Vergleich bei der steuerlichen Belastung von Alleinerziehenden besonders negativ hervorsticht. Das Portal www.alleinerziehend.net schreibt dazu:

„Eine Studie der OECD offenbart: Alleinerziehende sind in Deutschland im internationalen Vergleich steuerlich extrem benachteiligt. Besonders weit über dem OECD-Mittel liegt die Belastung bei alleinstehenden Geringverdienern und Alleinerziehenden, schreibt die Organisation. Beispiele der Studie machen die Ungerechtigkeiten des Systems klar: Wer nur zwei Drittel des Durchschnittslohnes kassiert und alleine zwei Kinder durchbringen muss, bei dem summierten sich Steuern und Abgaben im Jahr 2009 auf 31,3 Prozent der Arbeitskosten. Im OECD-Durchschnitt waren es lediglich 16,9 Prozent." (www.alleinerziehend.net, Artikel 338).

SPIEGEL ONLINE bestätigt die hoch prekäre Situation von alleinerziehenden Müttern mit aktuellen Zahlen, welche die Süddeutsche Zeitung unter Berufung auf das Familienministerium aufgedeckt hat, allerdings – patriarchatskonform – ohne das Wort **Mütter** im gesamten Bericht auch nur einmal zu erwähnen. SPIEGEL ONLINE schreibt:

„Viele Alleinerziehende bekommen von ihrem Ex-Partner keinen Unterhalt fürs Kind. Seit einer Gesetzesreform im Jahr 2017 springt der Staat immer öfter ein – bekommt das Geld aber später nur selten zurück. Die Zahl der Alleinerziehenden, denen der Staat den Unterhalt des Ex-Partners vorschießt, hat im vergangenen Jahr um rund 75 Prozent zugenommen... Während Mitte 2017 für 414 000 Kinder Unterhaltsvorschuss gezahlt wurde, waren es Ende März schon fast 717 000 Kinder... Die Kosten für den Unterhaltsvorschuss beliefen sich dem Bericht zufolge 2017 auf insgesamt 1,1 Milliarden Euro. Zurückbekommen hat der Staat davon weniger als ein Fünftel – gut 209 Millionen Euro“. (SPIEGEL ONLINE: Staat streckt Unterhalt für 714 000 Kinder vor: 17.7.2018).

Begründet wird dies damit, dass bei manchen Ex-Partnern schlicht nichts zu holen sei, bzw. die Behörden nicht über genug qualifiziertes Personal verfügen würden, um die vielen Fälle abzuarbeiten, schreibt das Online-Magazin weiter.

Botschaft von Vater Staat an Mütter:

Die Botschaft von Vater Staat an die Mütter ist also: Wenn ihr den von Vater Staat vorgesehenen Raum für Kinder, in Patriarchalgesetze zementiert in Form der **Ehe** und **Vaterrolle als Ernährermodell**, also den Raum des privaten Raubes und des besonders durch **häusliche Gewalt** bedrohten Raums verlasst, dann wird das Vaterstaatssystem diese systemaufmüpfigen Mütter und deren Kinder bestrafen. Einmal durch die neue **Väterrechtssprechung**, welche Mütter unter Androhung des Verlusts des eigenen Sorgerechts dazu zwingt, das Umgangsrecht selbst mit gewalttätigen Vätern zu ermöglichen, obwohl der biologische Beitrag des Vaters zur Lebensentstehung, wie wir aus den Mutterbiologischen Tatsachen inzwischen wissen, eben nicht bei 50 Prozent liegt, sondern in der Körperrealität minimal ist. Zweitens verlieren Alleinerziehende Mütter zudem bei dem heute immer häufiger von der Patriarchats-Politeia propagierten Form des **Wechselmodells** jeden finanziellen Ausgleich durch den Mann, der in der Regel vollerwerbstätig bleiben konnte, weil ja irgendwer und konkret die Mutter die Fürsorgearbeit übernehmen musste, deswegen zumindest zeitweise eben nicht vollerwerbstätig sein konnte und damit fast immer große eigene finanzielle Einbußen verkraften muss und zwar lebenslang, was aber nicht an der Leistungsfähigkeit von Müttern liegt, die ist nämlich in der Tat überproportional hoch, sondern daran, dass ihre Arbeit, die eigentliche Arbeit, patriarchatsideologischkonform, nicht Arbeit genannt werden und schon gar nicht bezahlt werden darf.

Tatsächlich folgt der Mutterschaft eine beschämende Armut in doppelter Hinsicht, denn der Mütterarmut mit heranwachsenden Kindern folgt ja die **Mütterarmut im Alter**. Im Februar 2018 veröffentlichte Irene Götz, Professorin im Bereich Europäische Ethnologie an der Ludwig-Maximilian-Universität, erste Forschungsergebnisse zur gesellschaftsbeschämenden prekären Situation von Frauen im Ruhestand in einem Gastbeitrag in der ZEIT mit der aussagekräftigen, zum Himmel schreienden Überschrift: „Sie kochen Kohlrabiblätter aus und heizen nur ein Zimmer". Die Forscherin schreibt in ihrem Beitrag:

*„Frauen sind besonders von der **Altersarmut** gefährdet, da sie auch ihr ganzes Berufsleben lang weniger verdienen als Männer. Sie waren und sind es noch immer, die für die Kindererziehung und oft auch für die Pflege der Eltern Abstriche bei der Karriere machen". (Götz, Irene: Die ZEIT: 7.2.2018).*

Schon einen Abschnitt vorher stellte sie klar:

„Die Armut der Menschen ab 65 Jahren hat im Vergleich zu allen anderen Altersgruppen in Deutschland im Zeitraum von 2005 bis 2016 am stärksten zugenommen. Das zeigt eine Studie des Paritätischen Wohlfahrtsverbandes ... Laut den Zahlen der deutschen Rentenversicherung bekamen langjährig versicherte Männer im Westen rund 1200 Euro Rente ... Die Durchschnittsrente für langjährig versicherte Frauen in den alten Bundesländern lag bei rund 700 Euro". (ebenda).

Auch hier wird die monetäre Schere zwischen Frauen und Männern, genau gesagt zwischen Vätern und Müttern überdeutlich. Und was eine Rente von 700 Euro in deutschen Großstädten mit kaum mehr bezahlbaren Mieten im praktischen Leben für Konsequenzen hat, liest sich dann so:

„Manche heizten nur noch ein Zimmer in der Wohnung, kündigten das Zeitungsabo oder den Sportverein, fuhren nicht mehr mit dem öffentlichen Verkehr, suchten den ganzen Tag nach billigen Lebensmitteln, kochten Kohlrabiblätter aus, die im Supermarkt weggeworfen wurden, oder ließen ihre Zahnschmerzen nicht mehr behandeln". (ebenda).

Irene Götz konstatiert, „dass sozialer Rückzug eine häufige Folge der Altersarmut ist", was bedeutet, dass ausgerechnet diejenigen in unserer Gesellschaft, nämlich die Mütter, welche mit ihrer Fürsorgearbeit die soziale Basis unserer Gesellschaft legen, im Alter nicht nur finanziell abgestraft werden durch Altersarmut, sondern ausgerechnet aufgrund ihrer Fürsorgearbeit durch Prekarisierung im Alter sozial ausgegrenzt werden. Ein absurdes System! Götz weist zudem darauf hin, dass viele dieser Frauen aus gutbürgerlichen Milieus stammen und ihr sozialer Abstieg mit der Scheidung begann.

Tatsächlich betrifft aber die Mütterarmut im Alter mit der Rentenzahlung auch verheiratete Frauen, denn die Mütter, deren **„1-Billionen-Werte-Fürsorgearbeit"** als Arbeit im Bruttoinlandsprodukt unsichtbar gemacht wird, erhalten, wenn der Ehemann stirbt, nur noch die **Hälfte der Rente**, welche ja eigentlich **partnerschaftlich durch Arbeitsteilung** erwirtschaftet wurde, nämlich durch **mütterliche Kindererziehung** und **väterliche Erwerbsarbeit**, während der Mann, der ausschließlich erwerbsgearbeitet hat, beim Tod seiner Ehefrau praktisch keine Abstriche bei der Rente hinnehmen muss.

Die politischen Verbesserungen bei der **Mütterrente**, welche inzwischen Erziehungszeiten als Erwerbsarbeitszeiten rudimentär berücksichtigen und immer wieder von lautstarken medialen Protesten begleitet werden, sind in der Tat nur ein **Abspeisen mit Almosen**, was die realen Zahlen belegen. Tatsächlich braucht es eine grundlegende Veränderung in der ökonomischen und politischen **Bewertung von Fürsorgearbeit (Care-Arbeit)** insgesamt, denn die **Fürsorgearbeit** betrifft ja nicht nur die **Erziehungszeit von Kindern**, sondern auch die **Pflegezeit im Alter**. Nach Zahlen des Statistischen Bundesamtes werden **71 Prozent** aller Pflegefälle zu Hause versorgt. (ZEIT ONLINE: Mehrheit der Pflegebedürftigen wird von Angehörigen versorgt: 12.3.2015). Und auch hier sind das nicht einfach geschlechtsneutrale „Angehörige", wie auch in diesem Artikel vermittelt wird. Tatsächlich erfolgt die häusliche Pflege zu **65 Prozent durch Frauen** und nur zu 35 Prozent durch Männer, wie dem Gesundheitsbericht des Bundes von 2015 zu entnehmen ist. (www.gbe-bund.de).

Wie an dieser Stelle noch einmal überdeutlich wird, arbeiten Mütter enorm viel und haben auch schon immer sehr viel gearbeitet. Das Problem der gesellschaftlichen Mütterarmut, die wir selbst in Deutschland, der stärksten Volkswirtschaft Europas, weit verbreitet finden, offenbart nur das eigentliche strukturelle Problem des Patriarchats: die **systemgewollte Unsichtbarmachung von Müttern**.

Dass Mütter im Patriarchat ins Private, in den Raum des Raubes verbannt wurden und werden, ist auch die Grundlage dafür, dass die Gesellschaft nicht darauf vorbereitet ist, dass, wenn Mütter erwerbsarbeiten, also in den öffentlich-patriarchal-manngottdefinierten ökonomischen Raum eintreten, die Fürsorgearbeit liegen bleibt, also nun von der öffentlichen Hand übernommen werden muss. Und das passiert völlig unzureichend, was die schlechte quantitative und qualitative Situation von **Kinderkrippen**, **Kindertagesstätten** und **Pflegeheimen** überdeutlich macht. Auf einmal wird sichtbar, dass Fürsorgearbeit, die Carearbeit, die eigentliche Arbeit ist, ohne die eine Gesellschaft nicht überleben - nicht leben kann. Und es wird sichtbar, dass diese Fürsorgearbeit monetär entlohnt werden muss, und zwar anständig gerade auch mit Blick auf die bisher katastrophalen Zustände bezüglich der Quantität und der Qualität.

Kristin Haug schreibt am 8.6.2018 in SPIEGEL ONLINE, dass in Deutschland die nächsten Jahre

300 000 Kitaplätze und 107 000 Erzieher fehlen. Patriarchatskonform schreibt der SPIEGEL natürlich Erzieher, obwohl vor allem Frauen in diesem Bereich mit seiner schlechten Bezahlung und seinem zu niedrigem Personalschlüssel arbeiten, so dass auch hier die Fürsorgearbeit, die auch im öffentlich-patriarchal ökonomischen Raum vor allem von Frauen – viele von ihnen Mütter- geleistet wird, als Arbeit von Frauen unsichtbar gemacht wird. Trotz Rechtsanspruch fehlen in allen Bundesländern Kitaplätze und auch das trifft wieder überwiegend Frauen. Kristin Haug beschreibt stellvertretend für viele junge, gut ausgebildete Frauen die Situation von Katharina Mahrt:

„Katharina Mahrt hätte nie gedacht, dass sie auch eine dieser Frauen werden würde. Frauen, die wegen des Kindes nicht arbeiten gehen können, die beruflich zurückstecken müssen, die sich mit ihrem Freund streiten, weil die Kinderbetreuung an ihnen hängen bleibt. Weil sie weniger verdienen als ihr Partner. Und nun ist sie genau in diese Rolle hineingeraten, weil sie für ihren 17 Monate alten Sohn Jan keinen Betreuungsplatz findet. Sie hatte sich bei Dutzenden Kitas beworben und es am Ende auf 20 Wartelisten geschafft. Eigentlich wollte sie Jan mit einem Jahr in die Kita geben, um ihren Master in Europäischer Ethnologie abzuschließen, doch nun muss sie ihre Elternzeit verlängern, ihren Abschluss verschieben, um ihr Bafög bangen und hoffen, dass sie dann noch promovieren kann. „Das stresst total", sagt sie. „Wir haben uns auf den Rechts-

anspruch auf einen Kitaplatz verlassen, doch wir wurden im Stich gelassen". (Haug Kristin: Wir müssen draußen bleiben: SPIEGEL ONLINE 08.06.2018).

Um 107 000 Kitaplätze zusätzlich zu realisieren müsste der Staat 4,9 Milliarden Euro jährlich in die Kitas investieren, was eine Erhöhung der derzeitigen Ausgaben um ein Drittel bedeuten würde, schreibt die Bertelsmann-Stiftung in ihrer Studie von 2017 über die Qualität in deutschen Kitas und verweist auf den **Betreuungsschlüssel** als ein wichtiges Qualitätsmerkmal, der nicht nur zwischen den einzelnen Bundesländern nach wie vor sehr unterschiedlich ist, sondern vor allem auch in allen nicht ausreichend. Alina Leimbach und Sabine Menkens schreiben über den Betreuungsschlüssel:

„Als Indikator für die Qualität der Betreuung gilt der sogenannte Betreuungsschlüssel. Nach den Empfehlungen der Stiftung sollte sich eine Vollzeitfachkraft um maximal drei Kleinkinder in Krippen (bis zwei Jahre) beziehungsweise um 7,5 Kindergartenkinder (drei bis sechs Jahre) kümmern. Und wie steht es mit der Realität? Bundesweit hat der Schlüssel sich bei den Kindergartenkindern zwischen 2015 und 2016 (Erhebung März) im Schnitt von 9,3 auf 9,2 Kinder pro Fachkraft leicht verbessert. Im Westen kommen dabei 8,5, im Osten 12 Kinder auf eine Betreuungsperson". (Leimbach, Alina, Menkens, Sabine; Bertelsmann-Studie, 28.08.2017).

Die finanzielle Situation im Fürsorgebereich von Kleinkindern sieht aber im realen Leben noch einmal ganz anders aus, denn was die Krippen betrifft, werden ja im Osten der Bundesrepublik Deutschland nur 50 Prozent und im Westen sogar nur 30 Prozent in Kitas betreut. Das bedeutet 50 Prozent der Kinder im Osten und sogar 70 Prozent der Kinder im Westen werden zu Hause zum überwiegenden Teil von Müttern betreut, deren gesellschaftsgrundbildende Fürsorgearbeit völlig im dunklen Loch einer verleugneten, monetär nur mit Almosen abgespeisten Nichtarbeit verschwindet, wofür sie, die Mütter, dann im Laufe ihres Lebens doppelt und dreifach bestraft werden, je nachdem, ob sie es schaffen nicht geschieden oder verwitwet zu werden. Und selbst, wenn sie es schaffen, eine Ehe zu führen, wie Vater Staat es sich vorstellt, und zusätzlich zu erwerbsarbeiten, werden sie spätestens mit der Rente in den sozialen Abgrund gestoßen, denn die Frauenrente beträgt für die meisten Frauen im reichsten Staat Europas nur 50 Prozent der Rente von Männern.

Aber die Rechnung zur unsichtbaren Fürsorgearbeit geht immer noch nicht auf, denn der Mensch ist nun mal nicht nur als Kind besonders fürsorgebedürftig, sondern ebenso im Alter. Schauen wir hier auf die Pflegesituation, so sieht es in der Altenpflege noch prekärer aus. Tina Groll schreibt in ihrem Artikel: „Der Pflege gehen die Kräfte aus":

„Der Fachkräftemangel in der Pflege ist erheblich – und wird noch schlimmer werden. Die Politik rechnet

mit viel zu kleinen Zahlen... Hinzu kommt, dass die Arbeitsbedingungen oft schlecht sind. Der Stress ist groß, die psychischen Belastungen und die körperlichen Anforderungen durch schweres Heben und Schichtdienste sind enorm, die Bezahlung ist dagegen vergleichsweise schlecht... Viele Pflegeheime und Pflegedienste behelfen sich angesichts der Personalnot mit angelerntem Personal... Experten wie der Pflegekritiker Claus Fussek kritisieren diese Zustände. Viele der heutigen Beschäftigten in der Pflege hätten in dem Beruf eigentlich nichts zu suchen, sagt er. Müsste man jedoch all die Hilfskräfte und Quereinsteiger durch richtiges Fachpersonal ersetzen, könnten viele Pflegebedürftige gar nicht mehr versorgt werden". (Groll, Tina: „Der Pflege gehen die Kräfte aus". ZEIT ONLINE: 04.05.2018).

Literaturverzeichnis:
www.alleinerziehend.net, Artikel 338
Berghof Foundation: www.frieden-fragen.de: Stand 03.08.2018
Buntrock, Sabine: www.muetterarmut-ist-peinlich.de
Die Presse": „Self-Made-Milliardärinnen: Eine wahre Rarität" vom 06.03.2013
Familienreport des Bundesministeriums für Familie, Senioren, Frauen und Jugend – Leistungen, Wirkungen, Trends, 2017
www.gbe-bund.de
Götz, Irene: „Sie kochen Kohlrabiblätter aus und heizen nur ein Zimmer": Die ZEIT: 7.2.2018
Groll, Tina: „Der Pflege gehen die Kräfte aus". ZEIT ONLINE: 04.05.2018
Haug Kristin: „Wir müssen draußen bleiben": SPIEGEL ONLINE 08.06.2018
Konrad-Adenauer-Stiftung, 2008
Leimbach, Alina, Menkens, Sabine; Bertelsmann-Studie, 28.08.2017

Marçal, Katrine: Machonomics, Die Ökonomie und die Frauen, 2016

Maroldt, Kristina: BRIGITTE: 20/2017

Mies, Maria; Shiva, Vandana: Ökofeminismus; Die Befreiung der Frauen, der Natur und unterdrückter Völker; Eine neue Welt wird geboren; 2016

Mühlmann, Sophie: „Warum Asiens Powerfrauen in den Gebärstreik treten“: Die WELT: 30.06.2013

Schmalenbach, Merle: „Dienstmägde für Deutschland“: ZEIT ONLINE: 15.06.2017

SPIEGEL ONLINE: „Fast jede fünfte Mutter ist Alleinerziehende“: 11.5.2012

SPIEGEL ONLINE: „Staat streckt Unterhalt für 714 000 Kinder vor“: 17.7.2018).

Sydow, Christian: „Das schöne Gesicht der Ausbeutung“: SPIEGEL ONLINE: 24.07.2018

United Nations Report, 1980

www.vermoegenmagazin.de, 03.08.2018

www.welt.de: Frauen erledigen zwei Drittel der Arbeit weltweit; 25.06.2010

ZEIT ONLINE: „Mehrheit der Pflegebedürftigen wird von Angehörigen versorgt“: 12.03.2015

Warnung – Mütterfalle Patriarchat

Kinder zu bekommen, ist etwas Wunderbares. Im wahrsten Sinne des Wortes ein Wunder. Das Wunder menschlichen Lebens, das durch den einzigartigen Körper von Müttern in die Welt getragen wird, während der Mann als biologischer Vater von den Aufwandsrelationen her gesehen, genetisch mit einem halben Chromosomensatz aus dem Zellkern des Spermiums, und auch vom Zeitaufwand der Spermienabgabe während eines Orgasmus her gesehen, im Vergleich zur Schwangerschaft, schätzungsweise 1 Prozent dazu beiträgt, dass dieses Lebenswunder real und lebbar wird. Das darf man aber nicht sagen im Patriarchat. Es wird aber höchste Zeit, das nicht nur zu sehen, sondern auch zu sagen, zu schreiben und hinauszuschreien in diese verquere Welt! (mehr in Armbruster, Kirsten: „Von mutterbiologischen Tatsachen und männlichem „Samen" – Wie das Patriarchat Mütter zu passiven Gefäßen degradiert" vom 08.02.2018 unter kirstenarmbruster.wordpress.com).

Die Logik des Lebens ist zwingend. Mütter gehören naturgemäß ins Zentrum einer Gesellschaft und Männer haben die Funktion Mütter zu unterstützen, als Söhne, Brüder, Onkel, vätertaugliche Väter, egal ob biologisch oder nicht biologisch, in jedem Fall aber **fürsorglich**! Tatsächlich brauchen wir **Matrifokale Männer** und eine **Abkehr von toxischer Männlichkeit**! (mehr dazu in Armbruster, Kirsten:

„Matrifokale Männer und Väter" vom 14.01.2019 unter kirstenarmbruster.wordpress.com)

Im Patriarchat passiert das Gegenteil. Im Patriarchat ist **Muttersein eine Falle.** Das **höchste Risiko**, um in unerträgliche Lebenssituationen und ins **gesellschaftliche Abseits** zu geraten, und zwar nicht etwa, weil Mütter vielleicht zu blöd sind, um ihr Leben gut zu gestalten. Nein, denn die weltweite Mütterarmut zeigt, dass wir es nicht mit einem individuellen Problem von Müttern zu tun haben, sondern mit einem **verfestigten strukturellen Problem**:

Die einzelne Mutter ist nicht schuld. Es ist nicht ihr persönliches Versagen, wenn sie, in wie auch immer geartete große Probleme gerät. Nein, es handelt sich um ein komplettes gesellschaftliches Versagen und kann also auch nur gesamtgesellschaftlich gelöst werden.

Dazu fehlt bisher– selbst im Feminismus – jegliches Bewusstsein. Solange Mutterschaft jedoch nur unter diesen unzumutbaren patriarchalen Bedingungen lebbar ist, ist es höchste Zeit junge Frauen vor dieser **Falle des Patriarchats** zu warnen, anstatt sie durch das gesellschaftlich übliche **Liebes-Romantik-Weißes-Brautkleid-Traumprinz-schönster-und-wichtigster-Tag-im-Leben-Märchen** weiter unvorbereitet in diese strukturelle Falle zu locken und sie dann dort **mutterseelenallein** zu lassen.

Patriarchale Risikofaktoren für Mütter:

1. Finanzielle Abhängigkeit; Mütterarmut; in der Folge Altersarmut

2. Karriereknick, weil die stattlich zugesicherte Infrastruktur an Betreuungsmöglichkeiten von Kindern oder Pflegebedürftigen nicht ausreicht, qualitativ nicht zumutbar oder schlichtweg menschenunwürdig ist

3. Isolierung von sozialen Kontakten, welche durch den Beruf gewährleistet waren und nun durch ein häufig erzwungenes Hausfrauendasein nicht mehr fortgeführt werden können, weil die ausschließlich am Mann orientierte Ökonomie nicht durchlässig ist für eine gesellschaftliche Gemeinschaftsverantwortung und die Räume von Kindererziehung und Erwerbsarbeit widernatürlich abgetrennt hat

4. Völlige Überarbeitung durch Doppel- und Dreifachbelastung bei gleichzeitiger hochgradig diskriminierender Missachtung der Gesamtarbeitsleistung von Müttern

5. Armut, die sich exponentiell steigert, wenn eine Beziehung in die Brüche geht, in der Mütter in der Lebensrealität dann zu 90 % alles allein stemmen müssen und der Staat zahlungssäumige Väter gewähren lässt, als

handle es sich bei nicht gezahlten Unterhaltszahlungen nicht um Existenzbedrohung, sondern um ein Kavaliersdelikt.

6. Wohnungsnot aufgrund von Mütterarmut, insbesondere in Städten und insbesondere von alleinerziehenden Müttern

7. Ungerechte Besteuerung von Alleinerziehenden, de facto zu 90 Prozent von alleinerziehenden Müttern, weil Vater Staat nur die Ehe als Paarungsfamilienmodell finanziell fördert und nicht Mütter mit Kindern

8. Ausweglosigkeit bei häuslicher Gewalt, die Mütter oft zwingt in Gewaltsituationen viel zu lange auszuharren, weil sie finanziell miserabel abgesichert sind und oft nicht wissen, wo sie Zuflucht finden können aufgrund eines engen Wohnungsmarktes, der finanzielle Selbstauskünfte einfordert, welche Mütter oft nicht ausreichend nachweisen können

9. Entwürdigung durch eine neue skandalöse, mutterentmündigende Väterrechtssprechung, welche einen Vater, bar jeder biologischen Realität, gleichsetzt mit einer Mutter, zunehmend das Wechselmodell im Fall einer Trennung als Regelfall favorisiert und viele alleinerziehende Mütter terrorisiert mit der Panik eines Kinderentzugs wegen angeblich

nicht ausreichender Kooperation mit dem Vater, selbst in Fällen häuslicher Gewalt

10. Rechtsterror durch eine finanziell ungleich besser aufgestellte Väterrechtsbewegung, welche die Rechtsprechung in den letzten Jahren kontinuierlich zu Ungunsten von Müttern verschoben hat

11. Entwürdigung durch eine Absprechung von Göttlichkeit bei gleichzeitiger Rollenzuweisung als Magd und Schuldige für den HERRN, eines HERRN, der sich durch ein fiktives Herrschaftssystem zum Gott aufgeschwungen und damit die Regeln der Natur manipuliert hat.

Im Patriarchat sind Mütter die Gruppe, die am stärksten ausgebeutet, diskriminiert und auf dem Mann-Gott-Arbeitsmarkt benachteiligt werden. Und die Diskriminierung von Müttern beginnt nicht erst mit einem realen Muttersein, sondern sie beginnt schon bei jungen Frauen, die noch gar keine Mütter sind, schon mit dem Potential von Frauen, dass sie eines Tages schwanger werden könnten. Sie endet auch nicht mit der Menopause, sondern setzt sich bis ans Lebensende fort, hier mit der Begründung, dass Mütter ja nichts gearbeitet hätten in ihrem Leben. Welch eine Verschwendung von Lebenskraft, noch dazu, wo Frauen körperlich und mental nicht nur viel früher reif sind im Vergleich zu den männlichen Geschlechtsgenossen, sondern auch evolutionsbiologisch sinnvoll, und inzwischen mit der Großmutterthese der amerikanischen Anthropologin Kristen Hawkins logisch erklärbar, auch viel länger leben als Männer. (mehr dazu in Armbruster, Kirsten: „Die Evolution frisst keine Kinder – eine anthropologische Revision" vom 18.01.2018 unter kirstenarmbruster.wordpress.com

Literaturverzeichnis:

Armbruster, Kirsten: „Die Evolution frisst keine Kinder – eine anthropologische Revision" vom 18.01.2018 www.kirstenarmbruster.wordpress.com
Armbruster, Kirsten: „Von mutterbiologischen Tatsachen und männlichem „Samen" – Wie das Patriarchat Mütter zu passiven Gefäßen degradiert" vom 08.02.2018 unter kirstenarmbruster.wordpress.com
Armbruster, Kirsten: „Matrifokale Männer und Väter" vom 14.01.2019 unter kirstenarmbruster.wordpress.com

#MothersToo – eine Erweiterung der #MeToo Debatte

Seit nicht einmal 10 000 Jahren führt das Patriarchat Krieg gegen die Natur und die Mütter dieser Welt. Eine breite Blutspur der Zerstörung, von der Historik verklärt als angeblich „männliches" Heldentum, ergießt sich seitdem über die Erde und es ist höchste Zeit zu sagen:

Patriarchale Jungs, es reicht! Eure Mann-Gott-Ökonomie funktioniert nicht! Game over! Tretet ab!

Die #MeToo Bewegung war erst der Anfang, aber das Ende ist noch lange nicht in Sicht. Es geht nicht mehr nur um sexuelle Belästigung, Nötigung, sexuelle Gewalt und Vergewaltigung, die wir euch nicht mehr durchgehen lassen. Es geht um das System selbst. Es geht um die Entlarvung eurer falschen Dogmen. Konkret: Wir wollen unser Leben zurück!

Wir wollen unser Leben zurück!

Wir wollen uns nicht mehr ausbeuten, diskriminieren, unsere Arbeit als wertlos definieren, uns unterbezahlt in einen unflexiblen, nur am Mann orientierten Arbeitsmarkt reinpressen und deshalb insgesamt in Armut und Abhängigkeit treiben lassen, nur weil wir Mütter sind. Wir wollen uns auch nicht mehr durch euren neoliberalen, elitären Turbokapitalismus durch unser Leben hetzen lassen, nur damit einige von euch die Puppen tanzen lassen. Wir wollen uns auch nicht unsere Hebammen und Geburtsstätten wegrationalisieren lassen, nur damit ein paar von euch mehr Dollar in der Tasche haben. Wir wollen uns nicht mehr einzwängen lassen in Ehegesetze, welche unsere freie Sexualität einschränken, nur damit ihr behaupten könnt, dass ihr Väter seid, ohne euch ernsthaft, an einer gerechten Aufteilung der Fürsorgearbeit zu beteiligen. Wir wollen uns nicht mehr einsperren lassen in Häuser, wo wir isoliert eurer Gewalt ausgesetzt sind und kostenlos als eure Sklavinnen all die Arbeit erledigen, die ein Menschenleben natürlicherweise mit sich bringt. Wir wollen nicht mehr zusehen, wie ihr die Geschenke der Natur unerbittlich ausbeutet und die Beute unter euch aufteilt und in der Landschaft eine Spur der Verwüstung hinterlasst. Wir wollen nicht mehr zusehen, wie ihr die Artenvielfalt des Lebens mit euren Giften und ohne Sinn für die Vielfalt des Lebens ausrottet. Wir wollen uns nicht mit euren elitär nichtfunktionalen ökonomischen Wachstumstheorien, bar aller physikalischen Naturgesetze, in einen selbstgemachten Klimawandel treiben lassen, der immer mehr Menschen zwingt, ihre Heimat zu verlassen. Wir wollen nicht mehr ertragen, wie ihr euch mit massenweise billig produziertem Fleisch vollstopft (ein „echter Mann" braucht täglich Fleisch), ohne euch über das Leid der Muttertiere Gedanken zu machen. Wir wollen nicht mehr zusehen, wie ihr uns an euren Kapitalerträgen nicht beteiligt und uns sogar in Prostitution und Leihmutterschaft zwingt, nur, damit wir unsere Kinder durchbringen können. Wir wollen uns nicht mehr sexuellen Perversionen aussetzen, die ihr in einer schier unersättlichen pornographischen Bilderflut in eure Köpfe projiziert habt. Wir haben die Nase voll, von euren ständigen Kriegen, in denen unsere Kinder abgeschlachtet werden, denen wir das Leben geschenkt haben. Wir akzeptieren eure Mann-Gott-Theologien nicht mehr, die nur dazu dienten den Mann zu Gott zu machen, auf dass er herrsche über uns und über das Leben. Wir wollen unser Leben zurück, denn die Natur hat uns, den Müttern, das Leben anvertraut!

Denken, was heute noch undenkbar scheint

Vor 100 Jahren wurde erstmals in Deutschland das Frauenwahlrecht gesetzlich verankert. In vielen Ländern sogar erst wesentlich später. Was Jahre vorher für undenkbar galt und lächerlich gemacht wurde, wurde Wirklichkeit. Nun 100 Jahre später stehen wir vor einer ähnlichen Situation, der Situation, dass die patriarchalen Strukturen in sich zusammenfallen werden, weil sich die Erkenntnis durchsetzen wird, dass sie falsch sind. Dazu gehört, dass die Ideologie, dass Gott ein Vater und Religion männlich ist, obsolet ist, ebenso, wie die Ideologien, dass die Menschheitsgeschichte eine Geschichte von Männern ist und die Paarungsfamilie, welche den Mann als Zentrum und Ernährer hat, die eigentliche und damit beste Form von Familie ist.

Ein ganz wesentliches Standbein der patriarchalen Dekonstruktion ist aber auch die Korrektur der Schieflage der Ökonomie, welche sich am stärksten in der weltweiten Kapitalverteilung zwischen Müttern und allen anderen äußert. Das bedeutet, dass sich die Erkenntnis durchsetzen wird, dass die Arbeit die Mütter leisten, in Zukunft nicht mehr als sozial zu bewerten ist, so dass sie mit ein paar Almosen abgespeist werden können, sondern, dass die Körperarbeit von Müttern die Grundlage jeglicher Ökonomie ist und deshalb in einer Welt des Privateigentums, welche die eigentliche Schenkökonomie der Erde ausgehebelt hat, auch monetär entlohnt werden muss, um Mütterarmut aufzulösen und eine gerechtere Kapitalverteilung in der Welt einzuleiten. Das heißt de facto: Wir brauchen **kein Bedingungsloses Grundeinkommen (BGE),** sondern:

Wir brauchen ein Mütter-Einkommen (ME)!

Deutschland als stärkste Wirtschaftskraft in Europa sollte damit beginnen und die Idee des Mütter-Einkommens könnte sich dann in einem multilateralen Prozess, wie das Frauenwahlrecht, über die ganze Welt als sinnvoller Lösungsansatz für viele der durch das Patriarchat verursachten Probleme ausbreiten.

Im Konkreten kann das so aussehen:

1. In Deutschland ist unter den heutigen wirtschaftlichen Bedingungen ein Müttergehalt von 3000 € brutto monatlich für jede Mutter bis zum 21. Lebensjahr des Kindes opportun, denn so lange dauert die Begleitung eines Kindes bis zur Selbstständigkeit. 3000 € monatlich ergeben ein Jahreseinkommen von 36 000 €. Das entspricht ungefähr dem heutigen Medianeinkommen.

2. Das Müttergehalt ist die ideelle Anerkennung für Mütter, die sich in einer Privateigentumsgesellschaft natürlich auch monetär ausdrücken muss. Das Kindergeld ist davon unbenommen.

3. Um kein weiteres Bevölkerungswachstum zu forcieren, sollte das Müttergehalt nicht, wie in wachstumsfixierten Ökonomien üblich, an eine steigende Kinderzahl gekoppelt werden. Das Müttereinkommen dient vielmehr dazu, die Risiken von Müttern, in der Armutsfalle zu landen, auszugleichen und ermöglicht den Müttern gleichzeitig, eine eigene Rente aufzubauen

4. Das Müttergehalt wird finanziert aus dem Finanz-Kollektivbeitrag der gesamten Gesellschaft, weil alle davon profitieren, wenn es Müttern gut geht.

5. Das Müttergehalt ist nicht gebunden an eine Berufsausbildung, denn die Ausbildung von Müttern hat in einem Millionen Jahre dauernden evolutionsbiologischen Prozess die Natur als beste Lehrmeisterin selbst übernommen.

6. Das Müttergehalt steht der Mutter zur freien Verfügung und ist auch völlig unabhängig von einer weiteren Berufstätigkeit, die jeder Frau offenstehen muss und ihr erst die nötige Freiheit gibt, Mutterschaft und Berufstätigkeit wirklich zu vereinbaren, indem ihr überlassen wird, ob sie Mutterschaft und Berufstätigkeit zeitlich parallel oder hintereinander gestalten will, weil ihr Körper völlig anderen Zyklen folgt, als der Körper eines Mannes.

7. Das Müttergehalt entbindet die Gesellschaft nicht davon, wesentlich größere Anstrengungen zu unter-

nehmen als bisher, um Mutterschaft und Berufstätigkeit oder ein Engagement von Müttern im öffentlichen Raum der Politeia zu vereinbaren, was bedeutet, dass die strikte Trennung zwischen den Bereichen, wie sie im Patriarchat üblich ist, aufgehoben werden muss. Kinder sind nicht begrenzt auf den Privaten Bereich, sondern sie sind natürlicher Teil des gesamten Lebens und sind überall dabei.

Eigentlich sind diese Ideen das Selbstverständlichste in der Welt der Menschenart und nur aufgrund der patriarchalen Manipulationen zurzeit nicht im öffentlichen Bewusstsein und damit auch nicht im öffentlichen Raum der Politeia. Dieser Zustand ist einer modernen Gesellschaft nicht würdig.

Fangen wir heute damit an, die Veränderungen im Denken einzuleiten und im Konkreten umzusetzen, damit es nicht nochmal 100 Jahre dauert, bis ein Müttergehalt weltweit so selbstverständlich ist, wie heute das Frauenwahlrecht. Es gilt, das Patriarchat mit all seinen Verwerfungen nicht mehr zu erdulden, nicht mehr zu tolerieren, denn tolerieren bedeutet erdulden. Es gilt für die Zukunft:

Keine Toleranz gegenüber dem Patriarchat!

Der erste Schritt dazu ist eine andere Bewertung von Ökonomie, die sich loslöst von dem ewigen Wachstumsmantra der heutigen Politik. Dazu gehört, die Natur nicht als beliebiges Ausbeutungsobjekt zu betrachten, sondern als Grundlage des Lebens auf unserem Planeten. Der zweite Schritt ist, die Natur der Menschenart anzuerkennen, in der die Mütter nun mal evolutionsbiologisch im Zentrum stehen. Der ideellen Anerkennung der mutterbiologischen Tatsachen muss eine monetäre Anerkennung folgen. Ein Müttergehalt unter den gegebenen Rahmenbedingungen einzuführen, ist der nächste konkrete Schritt auf dem Weg zu einer modernen, patriarchatsbefreiten Gesellschaft.

Literaturverzeichnis

Armbruster, Kirsten: „Matrifokale Männer und Väter" vom 14.01.2019 unter kirstenarmbruster.wordpress.com

Armbruster, Kirsten: „Von mutterbiologischen Tatsachen und männlichem „Samen" – Wie das Patriarchat Mütter zu passiven Gefäßen degradiert" vom 08.02.2018 unter kirstenarmbruster.wordpress.com

Armbruster, Kirsten: „Die Evolution frisst keine Kinder – eine anthropologische Revision vom" 18.01.2018 unter kirstenarmbruster.wordpress.com

Armbruster, Kirsten: Das Muttertabu oder der Beginn von Religion, 2010

Armbruster, Kirsten: Gott die MUTTER; Eine Streitschrift wider den patriarchalen Monotheismus, 2013 a

Armbruster, Kirsten: Der Jacobsweg – Kriegspfad eines Maurentöters oder Muschelweg durch Mutterland? Die Wiederentdeckung der Wurzeln Europas – Teil 1, 2013 b

Armbruster, Kirsten: Matrifokalität – Mütter im Zentrum; Ein Plädoyer für die Natur; Weckruf für Zukunft, 2014 a

Armbruster, Kirsten: Der Muschelweg – Auf den Spuren von Gott der MUTTER; Die Wiederentdeckung der matrifokalen Wurzeln Europas; 2014 b

Armbruster, Kirsten: Je suis Charlène – Was Sie schon immer über Religion wissen wollten – Mit einem politischen Statement, 2015

Armbruster, Kirsten: Starke Mütter verändern die Welt – Was schiefläuft und wie wir Gutes Leben für alle erreichen, 2007

Bandi, Hans Georg; 1951, http://doi.org/10.5169seals-114008, ETH Bibliothek, Schweiz

Beard, Mary: Frauen & Macht – Ein Manifest; 2018

Berghof Foundation: www.frieden-fragen.de: Stand 03.08.2018

Bott, Gerhard: Die Erfindung der Götter; Essays zur Politischen Theologie, 2009

Bott, Gerhard: Die Erfindung der Götter; Essays zur Politischen Theologie, Band 2, 2014

Buntrock, Sabine: www.muetterarmut-ist-peinlich.de

De Beauvoir, Simone: Das andere Geschlecht – Sitte und Sexus der Frau, 1968

Die Presse": „Self-Made-Milliardärinnen: Eine wahre Rarität" vom 06.03.2013

Familienreport des Bundesministeriums für Familie, Senioren, Frauen und Jugend – Leistungen, Wirkungen, Trends, 2017

Elberfelder Bibel

Eckart, Lisa-Marie: SPIEGEL ONLINE: Wenn die Mutter nicht arbeitet, bleibt das Kind arm: 27.06.2018
Götz, Irene: „Sie kochen Kohlrabiblätter aus und heizen nur ein Zimmer": Die ZEIT: 7.2.2018

Groll, Tina: „Der Pflege gehen die Kräfte aus". ZEIT ONLINE: 04.05.2018
Haug Kristin: „Wir müssen draußen bleiben": SPIEGEL ONLINE 08.06.2018

Hessel, Stéphane: Empört euch! Streitschrift; 2011

Kaiser, Tobias: DIE WELT: Hausarbeit von Frauen mehr als eine Billion Euro wert: 13.05.2017
Konrad-Adenauer-Stiftung, 2008

Leimbach, Alina, Menkens, Sabine; Bertelsmann-Studie, 28.08.2017

Lesch, Harald; Kamphausen, Klaus: Die Menschheit schafft sich ab – Die Erde im Griff des Anthropozän, 2018

Lerner, Gerda: Die Entstehung des Patriarchats, 1995

Marçals, Katrine: MACHONOMICS – Die Ökonomie und Frauen; 2016

Maroldt, Kristina: BRIGITTE: 20/2017

Mies, Maria; Shiva, Vandana: Ökofeminismus; Die Befreiung der Frauen, der Natur und unterdrückter Völker; Eine neue Welt wird geboren; 2016
Mühlmann, Sophie: „Warum Asiens Powerfrauen in den Gebärstreik treten": Die WELT: 30.06.2013

Mütterarmut ist peinlich (Verein):
www.muetterarmut-ist-peinlich.de

Praetorius, Ina: Wirtschaft ist Care oder: Die Wiederentdeckung des Selbstverständlichen", Heinrich-Böll-Stiftung: Schriften zu Wirtschaft + Soziales, Band 16, 2015

Schmalenbach, Merle: „Dienstmägde für Deutschland": ZEIT ONLINE: 15.06.2017

SPIEGEL ONLINE: „Fast jede fünfte Mutter ist Alleinerziehende": 11.5.2012
SPIEGEL ONLINE: „Staat streckt Unterhalt für 714 000 Kinder vor": 17.7.2018)

Sydow, Christian: „Das schöne Gesicht der Ausbeutung": SPIEGEL ONLINE: 24.07.2018

Singer, Margaret zitiert in Schwertfeger, Bärbel: Der Griff nach der Psyche – welche Folgen umstrittene Trainings und Therapieangebote haben können; S. 5: Elterninitiative zur Hilfe gegen seelische Abhängigkeit und religiösen Extremismus e.V.; http://www.sektenwatch.de/drupal/sites/default/files/files/psycho_seminare.pdf

Sykes, Bryan: Die sieben Töchter Evas – Warum wir alle von sieben Frauen abstammen – revolutionäre Erkenntnisse der Gen-Forschung; 2003

Uhlmann, Gabriele: Archäologie und Macht: Zur Instrumentalisierung der Ur- und Frühgeschichte, 2012

Uhlmann, Gabriele: Der Gott im 9. Monat – Vom Ende der mütterlichen Gebärfähigkeit und dem Aufstieg der männlichen Gebärmacht in den Religionen der Welt, 2015

United Nations Report, 1980

Werlhof von, Claudia: West-End – Das Scheitern der Moderne als Kapitalistisches Patriarchat und die Logik der Alternativen, 2001

Winker, Gabriele: CARE REVOLUTION: Schritte in eine Solidarische Gesellschaft; 2015

www.alleinerziehend.net, Artikel 338

www.gbe-bund.de

www.vermoegenmagazin.de, 03.08.2018

www.welt.de: Frauen erledigen zwei Drittel der Arbeit weltweit; 25.06.2010

ZEIT ONLINE: „Mehrheit der Pflegebedürftigen wird von Angehörigen versorgt": 12.03.2015

Weiterführende Literatur:

Eisler, Riane: The Real Wealth of Nations – Creating a Caring Economics; 2007, 2008

Felber, Christian: Gemeinwohlökonomie, 2014

Helfrich, Silke, Bollier, David, Heinrich-Böll-Stiftung (Hg.): Die Welt der COMMONS – Muster Gemeinsamen Handelns; 2015

Mies, Maria: Patriarchat und Kapital: Frauen in der internationalen Arbeitsteilung, 1996
Mies, Maria: Krieg ohne Grenzen – die neue Kolonisierung der Welt, 2005

Mies, Maria; Shiva Vandana: Ökofeminismus: Die Befreiung der Frauen, der Natur und unterdrückter Völker – Eine neue Welt wird geboren, 2016

Ostrom; Elinor: Was mehr wird, wenn wir teilen – Vom gesellschaftlichen Wert der Gemeingüter, 2012

Scheidler, Fabian: Das Ende der MEGA MASCHINE: Geschichte einer scheiternden Zivilisation, 2016

Tazi-Preve, Mariam Irene: Das Versagen der Kleinfamilie – Kapitalismus, Liebe und Staat, 2017

Werlhof von Claudia, Bennholdt-Thomsen, Faraclas, Nicholas (Hg.): Subsistenz und Widerstand, 2003

Zur Autorin

Dr. Kirsten Armbruster ist Naturwissenschaftlerin und zählt mit zahlreichen Veröffentlichungen zu den führenden Köpfen der **Interdisziplinären Patriarchatskritikforschung** und eines **Politischen Mütterbewusstseins (POM)**.

Sie wurde 1956 in Dortmund geboren, wuchs in Kairo auf, machte ihr Abitur in Fürstenfeldbruck, studierte Agrarwissenschaften an der Universität Göttingen und promovierte in Physiologischer Chemie an der Tierärztlichen Hochschule Hannover. Sie ist verheiratet, hat gemeinsam mit ihrem Mann vier, inzwischen erwachsene Kinder, und lebt in Bayern.

Durch ihre tiefen Einblicke in die berufliche, und als ehemalige Bürgermeisterinnenkandidatin und Stadträtin in Riedenburg im Altmühltal politische Männerwelt, ihre Erfahrungen der Missachtung der mütterlichen Leistung, ihre intensive Auseinandersetzung mit Religion, Ökologie und Landwirtschaft und ihre langjährigen interkulturellen Erfahrungen, hat sie sich zu einer der schärfsten Kritikerinnen des zerstörerischen, patriarchalen Gesellschaftssystems entwickelt, deren Kritik weit über den Feminismus hinausgeht.

Veröffentlichungen der Autorin:

Armbruster, Kirsten: Das Muttertabu oder der Beginn von Religion, 2010

Armbruster, Kirsten: Gott die MUTTER; Eine Streitschrift wider den patriarchalen Monotheismus, 2013 a

Armbruster, Kirsten: Der Jacobsweg – Kriegspfad eines Maurentöters oder Muschelweg durch Mutterland? Die Wiederentdeckung der Wurzeln Europas – Teil 1, 2013 b

Armbruster, Kirsten: Matrifokalität – Mütter im Zentrum; Ein Plädoyer für die Natur; Weckruf für Zukunft, 2014 a

Armbruster, Kirsten: Der Muschelweg – Auf den Spuren von Gott der MUTTER; Die Wiederentdeckung der matrifokalen Wurzeln Europas; 2014 b

Armbruster, Kirsten: Je suis Charlène – Was Sie schon immer über Religion wissen wollten – Mit einem politischen Statement, 2015

Armbruster, Kirsten: Starke Mütter verändern die Welt – Was schiefläuft und wie wir Gutes Leben für alle erreichen, 2007

Weitere Veröffentlichungen:

Blog: www.kirstenarmbruster.wordpress.com
und Facebook